做企业受欢迎的人

卓越员工的10项修炼

王琨◎著

广东旅游出版社
GUANGDONG TRAVEL & TOURISM PRESS

悦读书·悦旅行·悦享人生

中国·广州

图书在版编目（CIP）数据

做企业受欢迎的人：卓越员工的 10 项修炼 / 王琨著 . — 广州：广东旅游出版社，2019.7

ISBN 978-7-5570-1827-6

Ⅰ . ①做… Ⅱ . ①王… Ⅲ . ①企业－职工－职业道－通俗读物 Ⅳ . ① F272.92-49

中国版本图书馆 CIP 数据核字（2019）第 085239 号

做企业受欢迎的人：卓越员工的 10 项修炼

Zuo Qiye Shouhuanying De Ren: Zhuoyue Yuangong De 10 Xiang Xiulian

广东旅游出版社出版发行

（广州市环市东路 338 号银政大厦西楼 12 楼　邮编：510180）

印刷：北京晨旭印刷厂

（地址：北京市密云区西田各庄镇西田各庄村）

邮购地址：广州市环市东路 338 号银政大厦西楼 12 楼

联系电话：020-87347732　邮编：510180

787 毫米 ×1092 毫米　16 开　14.5 印张　144 千字

2019 年 7 月第 1 版第 1 次印刷

定价：49.00 元

特别推荐

影响力是由内向外散发出来的，内外一致，表里如一，做我所学，讲我所做，才是最具说服力的人，王琨老师就是这样的人。他的成长是个传奇，向他学习，你将成为和他一样的人！

························◆ 中国鬼谷子学院院长　兰彦岭

一本用中国的教育方式来教育中国员工的好教材。它能帮助我们的企业落地、执行，更是一个让员工自动自发的好工具。

··············◆《百家讲坛》主讲人、北京邮电大学教授　赵玉平

每一位老板都想多一些"企业受欢迎的人"，员工也都想成为"企业受欢迎的人"；王琨老师的这本书为老板找到了如何培养"企业受欢迎的人"的方法，同时也为员工提供了成为"企业受欢迎的人"的途径。

·····················◆《圣贤博学》栏目制片人　李晓阳

一个优秀的员工，一定是一个受大家欢迎的人。那么，怎样才能使自己脱颖而出？又是什么推动了自身事业得以健康、

快速地发展？王琨老师在《做企业受欢迎的人》一书中做了绝佳分析并指明了方向。

◆ **商业模式专家、财富系统创建者 荆 涛**

如果你想了解成功的根基是什么，那就读一读这本书，然后采取行动，让王琨老师的理念为你工作。

学习型中国论坛副秘书长
◆ **北京木兰汇教育科技有限公司总裁 杨壹淳**

王琨老师是我的好朋友，他心地善良，为人正直，充满智慧。如果你想得到老板的赏识与重用，王琨老师的新书《做企业受欢迎的人》将是你必读的成功宝典。

◆ **华人顶尖人物导师 王天仁**

王琨老师是我很欣赏的新生代管理培训专家，他不但善于学习，努力刻苦，博采众长，而且口才一流，是当下年轻人学习的楷模。收到他的新作《做企业受欢迎的人》一书，我认真阅读后，浑身充满了正能量，似乎又有了一种找到知音的感觉。此书是企业开展读书会时一本不可多得的好书，在此，隆重推荐！

北京大学经济管理学院客座教授
◆ **《创业成功的秘诀》作者 姜博仁**

　　我将这本书定名为《做企业受欢迎的人：卓越员工的 10 项修炼》，是想通过本书和大家分享自己十几年一路走来的感悟与心得。在生活中，我们每天要扮演不同的角色：在孩子面前，我们要扮演好父母的角色；在父母面前，我们要扮演孩子的角色；在企业里面，要扮演好员工的角色。当我们走出家门，就代表着自家的形象；当我们走出企业，自然就代表着企业的形象。

　　我经常与很多企业家讨论企业成本的问题。我认为，一个企业最大的成本就是没有经过培训的员工，因为没有经过培训的员工很可能会在无意中破坏企业的形象。有的老板并不清楚这一情况，他的企业很可能因此正在遭受着损失。没有经过培训的员工就像没有经过训练就上战场的士兵一样。如果新兵第一天入伍，领导就让他们上阵杀敌，战场上的子弹不会长眼睛，等待新兵的只能是中弹身亡。

　　在这个世界上，一个人最缺的并不是钱，而是缺少使自己强大的能力。一个人不够优秀，不够卓越，也不是因为缺少钱，而是缺少让自己变得优秀和卓越的能力。

　　在为大家讲课时，我问过这样一个问题：当老板比较好还是当员工比较好？经过统计，95% 的人认为当老板好。但我想问大家，在这个世界上有没有经营了一年，甚至三年连一分钱都没赚到的老板？答案是肯定的，那各位还希望做一位年年亏损的老板吗?

据调查,无论在中国,还是在世界范围内,有一半以上的企业都在亏损。也就是说,员工能每天赚到钱,老板不一定能每天赚到钱。

有人认为当员工没有前途,那在这个世界上有没有顶级员工呢?大家都知道刘备的故事,他三分天下得其一,按现在的话说他是位大老板。他手底下有个员工叫关云长,关云长对自己老板绝对忠诚,不贪财、不好色,那就是个顶级员工,受到无数人的尊敬。现在在中国各地都能见到关帝庙,很多人都去顶礼膜拜。

比如"篮球之神"迈克尔·乔丹,他曾经打过棒球,但是后来又回去打篮球了。迈克尔·乔丹带领公牛队六次获得总冠军,成为人们公认的"篮球之神",可又有谁关注过公牛队的老板是谁呢?

我们不能简单地说当老板或当员工哪个更好,而是应该把重点放在做一个有能力的人上面。即使你今天是一个保洁员或是一个保安,你依然可以在这个岗位做到世界最顶尖的水平。

有个年轻人,从一所名牌大学毕业以后和几个新人一起进入一家大企业做普通职员。两年过去了,他发现和他一起参加工作的那些人都升职加薪了,只有他还是一个普通员工。更令他气愤的是,他的学历比其他新人都高。于是,他满腹牢骚,一直在抱怨,心想:

"老板为什么看不起我？"正在他为工作难受的时候，心爱的女朋友也和他说"拜拜"了。

那时的他万念俱灰，感觉自己是世界上最倒霉的人，也没有什么值得留恋的了，于是他来到湖边想自杀。这时，旁边有一位老者问他要干什么，他就一五一十地将自己的事情告诉了老者。这位老者说："小伙子，如果你现在自杀和你5分钟以后自杀有没有什么区别呢？"他回答"没有"。于是，老者接着说："我让你在5分钟里做几件事，如果5分钟后你还是要自杀，我绝不阻拦。"他心想自己就配合老者5分钟，看他有什么花样，反正要死的心是谁也阻拦不住的。

老者从兜里拿出一颗很大的珍珠，朝前面的石头堆一扔，说："小伙子，能不能麻烦你把那颗珍珠捡回来？"他看见石头堆里有一颗很亮、很显眼的珍珠，马上跑过去把珍珠捡起来交给了老者。老者说："谢谢，我想请你再做一件事。"然后老者捡起一颗石子，往前面的石头堆里一扔，说："麻烦你把刚才我扔掉的石头捡回来，好吗？"

显而易见，掉进石头堆的石子是不好捡的。而就是这个动作让年轻人明白了自己为什么没有得到老板的重用，原因正是他只是一颗石子，还不是一颗珍珠。

我们要秉持一个理念：学会遇事多从自己身上找原因，毕竟自己才是一切问题的根源。遇到任何问题都要先找自己的责任，而不是找别人的责任。在单位，如果你抱着这种心态去工作，我相信你很快就会变成珍珠。我们常说"是金子到哪里都会发光"，当你发光、发亮的时候，我相信老板一定会一眼就把你认出来。

在20世纪90年代初，有一个非常有名的电器公司叫松下。这家公司提出了一个全新的理念，并在公司的大门口写着这样三句话：

如果你有智慧，请你贡献智慧；

如果你没有智慧，请你贡献汗水；

如果你两者都不贡献，请你离开公司。

这是松下的企业文化。唯有在企业里证明了自己的价值，你才是企业里受欢迎的人，因为任何一家企业都不会欢迎一个不能为企业创造价值的员工。

很多成功的企业家都是从优秀员工做起的，李嘉诚做过员工，比尔·盖茨做过员工，我也做过员工。如果连员工都做不好，也很难做好一个老板。正所谓"一屋不扫，何以扫天下？"因此，我经常在给企业员工做内训的时候说：一流的员工，老板会主动加薪；二流的员工，总找老板加薪；三流的员工，哭着喊着老板还是不加薪；四流的员工，老板一直减薪；更有不入流的员工，从来不学习如何成为一流员工。

我十几岁就出来工作，经过了十几年的职场历练，虽然换了好几份工作，但每一份工作都是从最低层做到最高层的。因为我有一个信念，那就是在我离开这家公司的时候，这家公司的老板只会说我的好，不会说我的坏。现在我可以很自信地说，只要你在我工作过的公司提起王琨，老板绝对会竖起大拇指说："王琨是我们公司有史以来最优秀的员工之一。"

　　在这本书中，我总结了成为一名卓越员工的 10 项修炼。假如其中的任何一项修炼能让您变得卓越，或是朝着卓越的方向前进，那将是对我最大的回报。

PART

1

为自己工作
——职业成长的基础

为什么有些人在公司工作了很多年还是没得到老板的重用？那是因为这些人不愿意改变，安于现状。所以，我一直认为安于现状就是人生最大的陷阱。虽然我们生活在21世纪，但是有些人的思想还活在20世纪60年代，根本跟不上时代的步伐。我们的员工也是一样。很多员工思想守旧，不善于学习新事物。其实不成长的员工是企业里面最大的负担。

■ ■ ■ ■ ■ 改变从心开始

在职场中，我们首先要坚定一个信念——为自己工作。很多人都会问我这样的问题：为什么我一直很努力工作，结果往往不尽如人意？为什么我一直很认真，结果美梦却一直不成真？每次听到这样的问题，我都会告诉他们，之所以这样，那是因为你的心态还不够好，你的状态还不够好，你的思维还不够好，你的行为还不够好，你的方法还不够好。

谁会在早上和自己的爸爸妈妈道别说："爸妈，我到公司找快乐去了，噢耶！"我想这样的人一定很少，我也相信大多数人通常是说："爸妈，我先去了啊。"这样的语气，难不成是把上班当作上坟吗？俗话说，一天之计在于晨，一个人早上的状态决定了一整天的状态。因此，我建议大家一定要把握好自己的心态，想好为什么去上班，比如说到公司是为了找快乐。如果早上快乐，那么一天都会快乐。

在我的公司，假如一个员工早上来到公司就是一副苦瓜脸，我会先让他在楼下跑十圈。因为他这副苦瓜脸会影响其他员工。这样一直下去很可能影响整个团队的士气。

我认为世界上只有两种员工：一种叫普通员工，一种叫卓越员工。根据"九五定律"，这个世界上卓越员工只占5%，而普通员工却占了95%。按此推理，无论在任何行业、任何领域，真正优秀的人都只占5%。

大家是否发现了，在一个公司里，有的人跟着老板干了10年，还不如刚来公司一年的员工晋升快？这也从侧面证明了，不是你跟着老板的时间长，就一定优秀；不是你跟着老板的时间长，就一定会卓越。

我通过自己多年的职业经历发现，普通员工和卓越员工有三大区别。

思维模式

卓越员工的思维模式和普通员工的思维模式不同。一个人之所以卓越，一定是因为他的想法与普通人不一样。上至总统，下至"饭桶"，不一样的地方都在于脖子以上的部分。卓越的人对自己能够成功充满信心，而一般人的脑袋在想些什么呢？他们只会在看到成功的希望时才去选择相信，甚至有些人即使看到成功也不会相信。

一个卓越的员工会这样想：我干多少活，老板会给我相应的报酬，但我更想实现自己的价值。普通的员工会想：老板给我多少钱，我就干多少活。有些员工甚至会想：老板给我多少钱，我都不给他干活。这种给钱都不干活的员工也叫作负债性员工。

其实企业里面有很多这样的负债性员工。老板一个月给他三五千元钱的工资，但是他根本就没有给企业创造价值。他在不停地埋怨同事，埋怨老板，埋怨企业，但从来没有埋怨过自己。可见，卓越员工与普通员工的第一个不同就是思维模式。

语言模式

卓越的员工一开口说话领导就会喜欢，同事就会喜欢，客户就会喜欢，他一开口订单就来了。卓越的员工总会有贵人帮助他，有领导提携他，有同事力挺他。普通员工话一出口就会伤人。在公司里有很多这样的员工：他一般不轻易说话，但一说话就要和别人争个高下，一说话就变成了团队的害群之马，一说话就变成了在团队中传递负能量的中心。

由此可见，卓越的员工与普通员工的不同也在于语言模式。

行为模式

所谓行为模式，就是一个人的做法。普通员工和卓越员工的最大差别也就是行为模式。比如，我们都知道学习很重要，但是世界上最远的距离，就是我的大脑到你的大脑的距离。如何把我头脑中的想法装进你的脑中，还让你能够接受、认同，是一件很难的事情。因为每个人都不愿被改变。

而且很多人即便听到别人有很好的想法也不见得能够吸收为自己所用。老子说："上士闻道，勤而行之；中士闻道，若存若亡；下士闻道，大笑之，笑不足以为道。"

就像很多人读了我的书，可是一年之后真正成为卓越员工的人也只有20%，80%的人还在平庸度日。很多人听了我的课，回去只是3天热度，努力了3天，就没有后文了。真正成功的人，会一直把我在课堂上或书里面教的方法付诸实践，这也就是老子讲的"上士闻道，勤而行之"。

改变从心开始，能改变"心"的只有我们自己。我们一起看看下面这个故事。

"篮球之神"乔丹在学校打篮球的时候，教练本不想让他进校队。乔丹就去问教练为什么不让自己进校队。教练说两个原因：第一，乔丹身高不够（那时的乔丹很矮）；第二，乔丹技术太差。因此，教练拒绝了乔丹进校队的请求。

乔丹对教练说："如果你认为我身高不够，我想办法长高；如果你认为我技术不够好，我想办法练球。但是我恳求你，让我加入校队。我可以不出场比赛，我可以帮队友拎行李，我也可以为他们擦地板。我只要求和他们做队友，和他们一起练球。"

教练被乔丹的态度感动，答应了他的要求。乔丹辉煌的篮球生涯就此开始了。

如果我们把乔丹对待篮球的态度用在工作中，认真工作，为公司创造更多价值，想不成功都很难。下面的例子也说明了不同的工作态度决定了不同的职场生涯。

一个老板来到工地想看一下员工的工作状态。他发现一个员工拿着锤子锤一下便叹一声气，那员工的脸上也布满了愁容。老板就想这是我的员工吗？怎么会这样。于是，他过去问那个员工为什么不开心，工作状态为什么不好。员工听后愤愤地说："让你干这种烦人的活儿，你愿意干吗？这么热的天，你来试试？"老板听了他的话说："哦，你不愿意干，那为什么还要干这份工作呢？"员工听后很无奈地回答："要不是为了家里的老婆、孩子，要不是为了家里的父母，我才不愿意干这份工作呢。"

接着，这个老板又看到另一个员工也是一副愁眉苦脸的样子，但表情显然比第一个员工好了一些。老板走过去说：“你看起来好像不是很开心。”员工对老板说：“说实话，这份工作挺苦的，但是收入还不错，要不是为了家里的老婆和孩子，我也不会选择这份工作。”老板若有所思地说：“原来是这样。”

老板继续往前走，突然发现一个员工一边哼歌一边干活儿，好像特别快乐，特别开心。老板问他：“你怎么这么开心？你怎么这么兴奋呢？”这个员工说：“我正在盖一座非常漂亮的别墅，并且它将是我们这个城市里最漂亮的别墅。当我想到即将住在这里的人与自己的家人在这里牵手散步的时候，就会感到特别骄傲，特别自豪。”

一年以后，第一个抱怨的员工还在那里唉声叹气地干活儿。第二个心态稍好一点的员工变成了包工头，在工地里指挥别人干活儿。而心态最好的第三个员工，变成了分公司的总经理。

每个人都可以成功，关键在于你想不想改变。如果你暂时改变不了环境，那么就先改变自己的心态。只有乐观、认真地对待生活，生活才不会敷衍你。

■ ■ ■ ■ ■ 态度决定一切

其实，我们可以把自己看作一家有限公司，如果你今年30岁了，你的公司就经营了30年，你自己就是这家公司的董事长，就像我的公司就叫王琨有限公司。如果你把自己看作一家公司，那么想想自己今年多大了？你的公司经营了多少年？公司的营业状况怎么样？公司的利润怎么样？

其实我们周围有很多人的公司都濒临倒闭，生活状态也十分不好。如果想改变这种状态，就先从改变自己的态度开始，从此树立为自己工作、为自己学习的信念，认真对待学习与生活。因为一个人对待学习的态度很可能决定了他未来的成长方向，对待工作的态度很可能决定了他工作的价值，对待家人的态度很可能决定了他生活的质量。

几年前，阿里巴巴的马云、蒙牛的牛根生和分众传媒的江南春等 30 多位大企业家到香港长江实业集团拜会李嘉诚。他们走出电梯，发现一位老人站在门口向他们深深鞠了一躬说："长江实业欢迎你们到来。"他们被吓了一跳，因为那个人是李嘉诚。对他们来说，李嘉诚不仅是令人尊敬的长者，更是他们一直崇拜的商业偶像。不管从哪个角度看，李嘉诚都没有必要在电梯门口亲自迎接他们，但是，他却亲自来了，还对马云说："马云，你的阿里巴巴搞得不错，我要向你学习。"对牛根生说："老牛，你的蒙牛做得不错，我要向你学习。"李嘉诚的话把他俩吓得不敢说话。因为他们知道，此行的目的是来向李嘉诚学习的，没想到刚打开电梯，李嘉诚说的第一句话竟是要向自己学习。

到了午餐时间，有些企业家对李嘉诚的秘书说想和李嘉诚一起用餐，有一些问题想请教一下。但他的秘书却说："对不起，李先生这辈子只做一个'公'字。所谓'公'就是李先生与人相处，不会在乎对方的财富、地位、影响力。如果大家有要求，请到这里抽签决定先后次序与李先生用餐，这样也能节约大家的时间。"

在那次活动中，企业家们被分成 4 桌，李嘉诚在每桌都停留了半个小时。李嘉诚与企业家的谈话中主要提到的是"建立自我"和"追求无我"两个关键词。

第一个关键词是"建立自我"。什么叫建立自我？就是使自己变得足够强大。如果你是公司的员工，就让同事喜欢你，让老板离不开你；如果你是代理商，就让客户喜欢你，自愿把订单签给你。

第二个关键词是"追求无我"。追求无我就是当你站在别人面前，就好像不存在一样。我们要学会在别人背后默默地付出，而不是像今天一些所谓的成功者一样，站在别人面前就让别人感觉不舒服、不自在。

假如你觉得自己的能力还不错，那就再思考一下自己的态度怎么样。因为你的态度很可能直接改变你的命运。有个词叫"精神病"，《大英百科全书》对"精神病"的名词解释是"重复旧的行为却想获得新结果的人"。其实，在现实生活中这种人很多，他们天天幻想着自己在公司里成为总监，成为销售冠军，却不行动。这些人眼高手低，每天都在喊口号，变成了"口号大王"，却从来不肯脚踏实地认真做任何一件事。

曾经有很多员工问我："我就是这样的人，该怎么办呢？"对于这样的人，我只告诉他们两个字——"改变"。从改变自己的态度开始，从改变观念开始。我们可以看看"观念"怎么写？"观念"即"又见今天的心"。观念是你心中坚持的方向，想改变观念也要从心开始，从心出发。只要你改变观念，改变自己的态度，你就一定能改变行为。当你的行为发生了改变，时间久了就会成为习惯，长久地坚持好的习惯注定会改变你的人生。

要想养成好习惯，成为一个卓越员工要注意以下几点。

想改变别人，先改变自己

我曾与姜岚昕老师、孙晓岐老师和兰彦岭老师一起参加过一个关于"80后""90后"员工管理问题的讨论会。在讨论会上，有个老板向我哭诉，他们公司刚招了一批"90后"的员工，很难管理，问我有什么办法。我告诉他要改变别人就先改变自己。

在两千多年前的希腊，整个国家的人都是光脚走路的，那时还没有发明鞋子。就连国王也是光着脚走路，但皇宫里面有柔软的牛皮地毯，走起来很舒服。

有一天，国王外出打猎，自己的双脚被石头、树枝划得惨不忍睹。于是他想，我才出去一天，脚就被划成这个样子，那我的子民呢？他们没有皇宫里柔软的牛皮地毯，每天都会被石头和树枝划伤。于是，他召集了所有的大臣开会，说要把全国的道路都铺上大理石。这时候大臣们都说，这是一项巨大的工程，首先国土面积太大了，其次也找不到那么多的大理石。国王听后非常生气。他认为既然不能铺大理石路面，那可不可以让他的子民都踩上皇宫里的牛皮地毯呢？

大臣们听了国王的这个提议顿时欲哭无泪，因为这个提议要杀掉全国的牛，况且全国也没有那么多牛。因此，所有的大臣劝国王不能杀牛，更重要的是第二年还要用牛耕地。

国王更生气了，骂这群大臣都是废物。就在大家都没有办法的时候，国王身边的一个侍从说话了："陛下，我可不可以说两句？"国王点点头。侍从说："国王，我们虽然不能把全天下的牛杀掉，但我们可以用一小块牛皮把每个人的脚都包起来。这样无论人们走到哪里，不都像踩在牛皮地毯上一样了吗？"国王一听，这个创意不错，很有道理，重赏了侍从。于是，世界上第一双牛皮鞋就这样诞生了。

事后，这个国王突然明白一个道理：在全国铺上牛皮地毯很难，把地毯包到每个人的脚上却是容易的，事情不是无法解决，只要换个思路即可。其实做人和这件事情是一样的，既然改变别人很难，不如换个角度，从改变自己开始，也许结果会更好。

没体现出自己的能力，是心态不够好

很多人曾问我，为什么没有人爱他？为什么别人不围着他转？其实我想说，地球为什么不围着你转，因为你还不是太阳；月亮为什么不围着你转，因为你还不是地球。我们常说，"山深则兽归之，渊深则龙归之"。你没有影响力，你不够卓越，是因为你自身的心态还不够好，以至于自身的能力还没有完全开发出来。

有个人拉着一车的行李搬家，途中路过一个加油站。他问加油站的工人："前面的村庄怎么样？"工人说："你是什么意思？为什么要问这个？"那个人回答："我原来住另一个村庄，那里的人整天抱怨。我跟他们住不到一块，那些人太讨厌了。我想搬到一个善良的、友爱的村庄去，所以我问一下，前面的村庄怎么样。"加油站的工人听了他的解释说："如果你不改变看待问题的角度，不改变自己的心态，只改变环境是没用的。假如你还是老样子，前面的村庄和你之前住的村庄是一样的，你不用搬了。"

上面案例中的这个人总是想改变别人，却没有发现自己才是最大的问题根源。因此，如果他不改变自己看待事物的态度，无论他走到哪里，令他头痛的问题都会一直存在。下面案例中的主人公却没有一味固执下去，而是适度改变，最终收获了成功。

在 19 世纪初的美国，几乎所有人都去西部淘金。一个小伙子也到西部淘金。他走了五六天时间后，被一条大河挡住了去路。如果想去淘金，就必须经过这条大河。很多人选择了从上游或下游绕道而行，也有一些人选择了打道回府，但更多的人选择站在河边抱怨、发牢骚。

就在这个时候，小伙子想起了一位智者教给自己的话，"困难的事情发生在自己身上，是上天给自己成长的机会。凡事发生必有其原因，必有助于自己"。于是，他开始想，大河挡住我的去路，对我有什么帮助呢？突然一个灵感蹦了出来：我可不可以弄一条船做摆渡生意呢？想到这里，他开始行动。因为到西部淘金的人都想着赚大钱，没有人会吝啬一点船费，所以这个小伙子获得了人生中的第一笔财富。

有利益的地方就有人向往，有利益的地方就有人争夺。当所有人都看到这个小伙子靠摆渡赚钱的时候，很多人也做起了摆渡船的生意。这时，小伙子的生意立刻冷清下来，没有那么多人坐船了。此时，良好的心态又拯救了他。他并没有灰心，而是想到自己本来是要去西部淘金的，于是他来到西部，找了一块地方，准备开始工作。正在他准备淘金的时候，几名大汉走过来说："小子别动，这是我们的地盘，你不能在这里淘金。"他刚理论了几句，那几名大汉便失去耐性，把他暴揍了一顿。

第二天，他又换了一个地方，同样的事情再次发生。每个人都想来这里淘金，但地方是有限的。他既没有势力，也没有朋友，所以他连续三天都在被打中度过。第四天，他终于受不了了。他想这个金是没法淘了，但自己不能白来，接下来该怎么办呢？他发现在沙漠里工作的人都渴得要命，从家里带的水很快就喝光了，于是就想"那我可不可以卖水呢？"于是他又做起了卖水的生意，结果所有人都抢着买他的水。他靠卖水又赚了一大笔财富。

好景不长，别人看到他卖水赚钱了，也都去沙漠里卖水。有一天，他在摆水摊，旁边有个壮汉说："小子，明天别来卖水了，这里的地盘被我包了，你要再卖水的话，明天有你好看。"小伙子以为这个人只是吓唬自己，第二天继续卖水，没想到那个大汉走过去，把他的水摊踢烂，抢了他的钱，又毒打了他。那时的美国还是个弱肉强食的社会，小伙子只能任人宰割。

他心想：我卖水肯定不行了，于是再次调整了自己的状态。他发现人们在淘金的时候，衣服很快就被磨破了，很多人都是在忍着膝盖和手臂的剧痛工作。

他动脑一想，很多工地上都有别人扔的废帐篷，我把它拿回家，给大家做衣服，然后拿出来卖，也能赚点钱，于是他做出了世界上第一条牛仔裤。

这个小伙子就是著名的李维斯的品牌创始人，牛仔大王——李维斯。该公司占有全世界绝大部分的牛仔市场份额，我们现在穿的牛仔裤，很多都是他家生产的。

所以说，当你不能改变环境的时候，就试着改变一下自己的心态。当你的心态改变了，看问题的角度也会改变，问题会更好处理。案例中的李维斯心态很好，在遇到挫折时总能想到更好的解决办法。这与他良好的心态是分不开的。成功者像太阳，照到哪里哪里亮。一般人像月亮，初一、十五不一样。因此，如果我们现在是月亮，不如改变心态让自己成为太阳。

在工作中，我为了让自己成为太阳，也给自己树立了目标　无论台上还是台下，永远都是积极的，永远都是快乐的。

改变是个美丽的痛

改变是个美丽的痛，要想改变就必须承担痛苦。我一直认为做别人不愿意做的事情叫突破，做别人不敢做的事情叫改变，做别人做不到的事情叫成长。在突破、改变与成长的过程中一定会出现很多困难，这些困难是我们通往成功的过程中必须要经历的痛。

老鹰是全世界寿命最长的鸟类，可以活到 70 多岁，但是很少有人知道，老鹰在 40 岁时必须要做一个痛苦而艰难的决定。因为他的爪子严重老化，抓不住东西；它的喙变得又长又弯，几乎碰到胸膛，吃东西很不方便；它的羽毛严重钙化，又浓又厚，使它飞起来十分吃力。这时候老鹰只有两个选择：第一是等死，第二就是经过一个漫长的更新过程——150 天的蜕变。

如果选择蜕变，老鹰要飞到悬崖上，这样就没有其他动物能够伤害它，从而进行 150 天的磨炼。首先，它要用自己的喙击打岩石，让自己的喙全部脱落，然后静静地等待新的喙长出来。等到新喙长出来之后，再用新喙把自己的指甲一根一根地拔掉，然后再把自己的羽毛全都拔掉。

在这 150 天里，有很多老鹰因为忍受不了疼痛而死去，也有很多老鹰饿死或者冻死了。所以，在这 150 天里，老鹰是在寒冷、孤独、痛苦、饥饿当中度

过的，但是它们深深明白一个道理，唯有如此，自己
才能在未来的时光里拥有更美好的生活。

我们可以想想自己离40岁还有多远？或是自己已经超过
了40岁，那离45岁还有多远？我们的"喙""爪子""羽毛"
是不是已经老化，我们的观念是否需要更新？如果需要更
新，我们是否做好了忍受重生过程中的痛苦的心理准备？

拔高一级看自己，发挥自己最大的能量

为什么有些人在公司工作了很多年还是没得到老板的重
用？那是因为这些人不愿意改变，安于现状。所以，我一直
认为安于现状就是人生最大的陷阱。虽然我们生活在21世纪，
但是有些人的思想还活在20世纪60年代，根本跟不上时代的步
伐。我们的员工也是一样。很多员工思想守旧，不善于学习新
事物。其实不成长的员工是企业里面最大的负担。我在培训员
工的时候经常对他们说："如果你的个性能让你成功，你早就
成功了；但是很多人把无知、固执当作个性，所以这样的人很
难成功。"

我认为在工作中拔高一级看自己，改变自己的心态，对
自己的职业发展会很有帮助。比如，以主管的态度来当普通员
工，以经理的思维来当主管，以老板的角度来当经理。

当你在企业里拔高一级看自己的时候，你的能力很快就会得以提高。今天你是普通员工，要想主管能为公司做什么；如果你是主管，就要想如何更好地完成经理交代的工作，并帮助经理出谋划策；如果你是经理，在完成本职工作后还要站在老板的角度考虑整体的业绩应怎样提升。我相信如果你在做好本职工作的同时又发挥特长帮助上司做事情，并长期坚持下去，你一定能成为企业里受欢迎的人。

■ ■ ■ ■ ■ 激情是工作的力量之源

《论语》中曾说道："知之者不如好之者，好之者不如乐之者。"学习是这样，工作也是这样。如果我们想做好工作，那么，最好的办法是先热爱这份工作，对工作充满激情。可是，要如何让自己对工作充满激情呢？

学会投入

我在"总裁班""青少年领事训练营"等很多课堂上都曾强调：参与多深就能领悟多深；投入多少就能收入多少。

无论你在哪个行业工作，真正卓越的员工，一定是把身心交给了老板、交给了公司的。只有当你全心全意地为公司工作，才能在公司里有所成就。老板就是把自己交给公司的人，所以我一直认为老板是公司里最辛苦的人，通常员工下班的时候老板都不会下班。

如果你什么时候做的和老板一样多了，就可能会成为老板最需要的人才。我经常对学员说："如果你把工作当工作，你就会全力应付；如果你把工作当事业，你就会全力以赴。"只是小小的差别，结果却会是天壤之别。

一条猎狗跟着它的主人去打猎。猎人看到一只野兔，就朝那只野兔开了一枪，虽然没有将兔子打死，但是却打中了兔子的腿，可是兔子还是一瘸一拐地往前跑。这个猎人心想，这不需要我追了，我的猎狗就能把兔子追回来。于是他给猎狗发出命令，那条猎狗"嗖"地一下追了出去。猎人坐在地上抽烟，等待着胜利的果实。结果他等了20分钟，那条猎狗低垂着脑袋回来了。猎狗对主人说："对不起，主人，那只兔子跑得太快了，我追不上。"猎人很生气地说："它受伤了，你没受伤，你为什么追不上它？"猎狗回答："对不起，主人，我尽力了。"没办法，猎人只能骂这条猎狗。

当兔子跑回山洞后，一群兔子把它围住，问："你怎么能逃回来？你不是受伤了吗？你的腿受了这么重的伤，还有狗在追你，你怎么能够回来？"那只兔子说："对于狗而言，它追不到我，回去顶多挨骂，无所谓，所以它是尽力而为；对于我而言，如果我不拼命跑，我的命就没了，所以我是全力以赴。"

这让我想到当运动员获得金牌与鲜花时，不要忘记那是运动员奋力拼搏的结果。因此，当你想要在公司获得成功的时候，要学会投入、对工作充满激情并通过自己的努力实现自己的理想。如果你总是认为自己不行，不适合，做不了，那机会只能从你身边溜走，成功对你而言也只会是个梦。

学会敬业

要想热爱自己的工作，对工作充满激情，第一步是投入，第二步就是敬业。在公司里，老板一定会认真考虑重要岗位的任职人选。老板会找一个有能力的人，找一个可靠的人，还是找一个既有能力又可靠的人呢？如果你只是个可靠的人，老板会想你的能力可能有所欠缺；如果你很有能力，老板会想你能不能忠于他。在这种情况下，你一定要做到敬业与职业，对工作充满激情，让老板看到你的忠诚与能力，这样的你一定会成为老板最得力的助手。

一个老工匠盖了40多年的房子，已经到了退休的年龄，他便向老板提出辞职。因为他是公司里最好的工匠，所以老板希望他留下来。老板问他："你为什么要辞职呢？你盖了这么多年的房子，我给你的薪水少吗？"他回答说："不，您一直对我很好，但我已经60多岁了，我想自己的人生没有太多的时光可以挥霍了，我要去陪我的夫人环游世界，我们要完成这个梦想。因此，我要辞职。"

老板看到他决心已定，就说："那好吧，在你走之前，我能不能提个要求？"他回答："老板，您说吧。"老板说："再帮我盖一栋房子，盖完以后，你再走，好吗？"这个工匠心想，我都为你工作了40多年，为什么现在还要我工作呢？但碍于自己与老板的多年交情，老工匠最终没有拒绝老板的要求。

但是，大家看到他盖房子时的状态都知道他的心已经不在这里了。这位老工匠在盖房子的过程中，用的是软料，活儿干得也很粗糙。其实他自己都不满意，因为在40多年里，他从来没有盖过这么差的房子。房子盖完后，他去向老板交差。老板并没有去看房子，而是笑眯眯地拿了一串钥匙说："你为我辛苦工作了40多年，我就把这栋房子送给你吧。"

这时老工匠的脸"唰"地一下红了，他无地自容，恨不得找个地缝钻进去。他想自己一辈子都在兢兢业业地盖房子，结果在结束职业生涯的时候却犯了一个如此大的错误。这将是他此生最大的遗憾。

这个故事给了我们一个启示：无论我们从事什么工作，都要认真对待。即使我们还不够专业，但一定要敬业。其实，人这一生中，每一天都在"盖房子"，每一天都在为自己的工作添砖加瓦。这一天有没有用粗料，有没有干粗活儿都取决于自己。如果有一天你突然清醒地意识到，原来自己住在亲手建造的破房子里时，你就不要埋怨任何人了，因为现在的一切都是你自己造成的。你没有认真敬业地对待工作，自然也得不到最好的回报。

■■■■■ 做最好的自己

怎样做最好的自己呢？假如你是个保安，就要把保安这份工作做好；假如你是个服务员，就要为客人服务好。其实，无论你在任何领域，从事任何职业，都可以做到最好，关键在于你想不想做。

很多人去巴黎旅游都会到一家酒店坐一坐。来这家酒店不是因为它的饭菜好吃，也不是因为它拥有一流的设施，而是因为在这家酒店里有一位将近 70 岁的老服务员。迄今为止，他还在那里当服务员，所有见过这位老服务员的人都说他提供的是世界上最周到的服务。

如果有机会来到这家酒店，你就会发现一位老人在端菜。他上菜时露出的柔和的笑容，真的像是在照顾自己的儿女一样。有人曾问他：“您已经这么大年纪了，为什么还不退休？为什么还在酒店里当服务员呢？”

这位老人说：“我20多岁就在这家酒店工作，到现在已经40多年了。我热爱我的工作，我热爱这份事业。我已经有了自己的跑车，也有两栋私人别墅。以我的财富来看，即使现在不工作，我的钱也花不完，但是我还是愿意在这家酒店里当服务员，因为我享受这份工作给我带来的快乐。当全世界的人都慕名而来，想让我为其服务的时候，我感觉那就是自己最大的幸福。所以，我要在这家酒店一直工作下去，一直到我做不动为止。”

故事中的老服务员就是一个很好的例子，他没有显赫的地位，却也在平凡的工作中找到了最大的快乐。所以，做什么工作不重要，重要的是你能不能做好这份工作。工作没有高低贵贱之分，做任何工作的人都应该被尊重，而且只要我们在本行业中做到最好的自己就是最大的成功。

■ ■ ■ ■ 机会永远等待有准备的人

　　我经常到学校里做义讲，这也是我给自己设定的目标。2013年我在某大学演讲，结果几百人的礼堂挤进了一千多人。当主持人说"请王琨老师上台"的时候，我挤了五分钟还没挤上去。前边的同学说："你挤什么啊？"我说："我就是王琨。"那同学很惊讶地说："啊？您是王琨老师，那您请。"那次演讲预计两个小时结束，结果我从晚上八点讲到了深夜两点，却没有一个人提前离开。

　　也许有人会问："你讲了什么让学生那么专注？"其实，我只是讲了他们在课堂上学不到却又有实际作用的东西。就像那些学生说的，"王琨老师讲的是我们小学六年、中学六年，大学将近四年，从没有老师讲过的课程"，"王琨老师教给我们如何自我定位，如何去选择自己的未来"。

　　我国每年毕业的大学生有上千万，其中很多大学生眼高手低，拿到毕业证也就等于拿到了失业证。每年新闻媒体都会报道有几百万大学生找不到工作。他们是真的找不到工作吗？我曾问过很多老板，他们都说企业缺乏真正的人才。这就是人才与企业供需矛盾的体现，很多大学生大事做不了，小事不愿意做，结果找不到工作。

其实，企业真正需要的不一定是高学历的人，老板更看重的是能力。对于没有能力的大学毕业生，很多老板都表示自己的公司不是培训班。因为大学毕业生没有人脉，没有经验，没有基础，公司招聘这样的人还要花费人力和物力来培养，这对公司来讲成本巨大。其实，对于现在的大学生来说，最好的办法就是在具备学历的基础上提高自身能力，使自己成为一个学识与能力兼备的人。

我经常建议刚刚步入社会的年轻人，如果你对现在的工作不感兴趣，也不要急于换工作。因为你再感兴趣的工作，时间长了也会厌倦。你最应该做的是在现有的工作中寻找快乐，寻找工作的意义。所以，我们应该记住：自己的命运自己选择，自己的选择自己负责。在工作中寻找快乐，努力工作，是在为自己的成功做好前期准备。

很多人都渴望天上掉馅饼，但你总是坐在屋里，就算馅饼真的掉下来了也不会砸到你的头上，因为机会只会眷顾那些有准备的人。

有一个美国小伙子叫莱斯·布朗，他从小就喜欢讲话。他高中毕业后做了环卫工人，每天在路边打扫卫生。在别人看来这是一份很卑微的工作，但是他没有自暴自弃，而是在做好本职工作的同时追寻自己的梦想。他非常想成为一名音乐电台的主持人，所以，每天晚上回到家，他都会在自己的房间里放一张桌子，拿个梳子当话筒，开始向他想象中的听众介绍唱片。

有一天，他终于鼓足勇气来到当地的广播电台应聘。因为他知道，要想成为音乐电台主持人，首先要加入这个团队。

台长见他头戴草帽，衣衫不整，气质、形象都极差，便毫不犹豫地拒绝了他，但他没有放弃。接下来的一周，他每天都来这家电台面试。台长实在受不了了，就想刁难他一下。台长说："我可以给你一份工作，就是在台里打杂，但是这份工作是没有工资的。"台长这么说就是想让他知难而退，可莱斯·布朗却同意了。台长没有办法，只好让他留在台里。他的工作就是给电台里的主持人买早餐、买晚餐、取咖啡。不管台里的人要他干什么，他都会愉快地接受，而且还干得非常好。

当他干完自己的事情后，就会在一旁静静地观察主持人是如何工作的：看他们怎么说话，怎么与观众互动。他将这些技巧暗暗记下，晚上一回到家就开始演练。

在这个世界上，机遇只属于那些准备好的人。终于有一天他的机会来了。在一个星期六的下午，他照常在电台里工作，突然一个主持综艺音乐的主持人满身酒气地走进播音室。他心想，天呐，这个家伙喝酒了，他怎么主持节目呢？他肯定主持不完节目就烂醉如泥了。果然，那个主持人来到了播音台，刚说了一分钟就开始语无伦次了。这个时候播音室外的电话响了，莱斯·布朗过去接了，是台长打来的——台长让他抓紧找其他播音员来接替那个主持人的工作。这个时候莱斯·布朗说："好的，台长，我一定完成任务。"他把电话挂掉，飞一般地跑到播音室，把那个烂醉如泥的家伙拖到地上，自己坐在主持人的座位上，激动而自信地说："嗨，大家好，我是莱斯·布朗，我年轻而富有朝气，我喜欢和大家一起倾听音乐,品味生活。我保证让大家开心满意，接下来由我来给大家主持节目。"

不知不觉间，他那天主持了四个小时，而且那期节目大获成功。现在，莱斯·布朗早已是全美知名度最高的电台音乐主持人了。

在我们公司有一个叫凯丽的员工。她在来我们公司之前在美容行业做过美容师，从来没有公开演讲过，也从来没有做过销售。她刚来公司不到半个月，公司要举办一个非常重要的活动，需要一名非常棒的主持人，于是我们开始进行内部选拔。

当然，公司有很多主持人能够胜任这份工作，但我还是想给所有人一个公平的机会。这时凯丽主动站起来说："王老师，我能不能主持这个活动，我太想上台了，我太想帮您主持这个活动了。"

我一直坚信机会总是留给有准备的人，而且我还要留给主动申请的人。我对她说："我给你这个机会，现在距活动开始还有一个月，一个月后我来检查，如果你不合格，是没有办法上台的。"她激动地说："王老师，您把活动资料给我，我保证完成任务！"从第二天开始，她每天早上就在公司广场上大声地练习演讲，晚上下班以后，再从7点练到11点。一个月后，凯丽找到公司的几位评委老师做了汇报，最终大家一致认为凯丽一定能完美地主持这次活动。

我们的每一分努力都会有回报。在那次活动上，凯丽的主持大获成功。现在，凯丽已是我们公司的首席主持人。凯丽的故事也说明了一个道理：在我们具备一定能力的时候更要努力去追寻机会、创造机会。

在给学员讲课的时候，我也经常提出：一流人才制造机会，二流人才抓住机会，三流人才坐等机会，四流人才错失机会，五流人才没有机会。

在我与大家分享完心态这项修炼之后，希望大家在今后的职场生涯中都能保持良好的心态，积累更多的经验，提升自身的能力，为成功做好准备，在遇到困难与挫折时要告诉自己6个字"太好了，太好了"。我们要把困难当成锻炼自己的机会，把阻碍当作自己成功路上的踏脚石，努力拼搏，勇往直前。

坚持目标
——从优秀到卓越

不管现在的你在公司里是什么职位，只要你的前进方向是正确的，并一直朝着那个方向努力，一定会在不久的将来有不小的收获。没有航向的船永远也无法到达成功的彼岸，没有方向的司机把车开得再快，只能带来更大的灾难。可见，正确的方向会给你无限的力量，方向对了，前进就会成功。

■ ■ ■ ■ ■ 职场成功需设定目标

很多人的职场人生经营得不成功，主要有三大原因：第一，目标不明确；第二，目标不追踪，第三，目标不奖赏。

我曾问过很多学员，想要在自己的公司担任什么职位，领多少薪金。很多学员的回答是：不清楚。他们对自己没有一个清晰的目标定位，也不知道自己努力的方向。

在这个世界上只有5%的员工是卓越员工，95%的员工都是普通员工。这5%的卓越员工明确自己要什么，而且他们还知道自己不要什么；那95%的普通员工就是因为不知道自己要什么或不想要什么，所以才成了普通员工。俗话说：不想当将军的士兵不是好士兵。按此推理，不想当老板的员工就不是好员工。

没有目标的员工就没有奋斗的动力，也很难成为企业需要的员工。我在面试应聘者时一般都会问对方："你的理想是什么？"有的面试者说："我未来的理想是把你干掉。"这样的员工我一定会录用。没有野心，如何成大事？没有目标，如何做好业务？我曾经问一个应聘者："你的目标月薪是多少？"他回答："一千多也可以，两千多也差不多。"我很失望地对他说："你抓紧时间去找别的工作吧，我这里没有适合你的工作。"连一点目标都没有的员工，如何能成为企业最优秀的员工呢？

如此来看，在职场生涯中设定目标对一个员工十分重要，我想和大家分享一个案例来说明。

我的助理叫何荣。我对他说："何荣，帮我去买点饭，中午的休息时间比较短，我就不下去吃了。"何荣听后就跑到楼下去买饭。我一看他拿来的是两桶方便面，便说："我今天工作很累，需要营养，并且我也不喜欢吃方便面，这你是知道的，去换。"他没过一会儿给我弄了一碗牛肉面回来。我说："哎，你今天是不是跟面条干上了，为什么非要买面条呢，我不喜欢吃面条，去换。"一会儿，他又给我换了一份西红柿鸡蛋炒饭。我见到他说："这饭连点肉也没有，下午我怎么有力气工作？你多少得给我点儿肉吃啊。"接着，他马上又去换，一会儿给我换了份牛排炒饭，全是肉，一点儿菜都没有。我很失望地说："你是我的助理，对我的工作很了解，这个全是肉，吃了它我下午容易犯困啊，再去换。"

何荣在为我买午饭这件事情上一直做错，是他不够努力，还是我安排任务的时候有问题？很明显，是我给他安排的目标不够清晰。如果我一开始就对他说："我中午不去吃饭了，你帮我去买一份。我不喜欢吃面，想吃一份有肉又有青菜的午饭。"如果我把自己的要求对他说清楚，他可能会做得很好。从这件小事来看，清晰的目标是多么的重要。

众所周知，射击运动员杜丽在2004年的雅典奥运会上夺得了射击项目的第一块金牌。如果我要和杜丽比射击，我一定会输给她，但如果我们把杜丽的眼睛蒙起来，让她原地转上几圈再射击，可能她就不一定能赢我了。这个比方可能太滑稽了，但也说明了方向与目标的重要性。所以，一个人不成功，很多时候是因为没有梦想，也就是没有正确的方向。

▪ ▪ ▪ ▪ 为自己做好职业定位

　　公司在招聘新员工的时候，我见过很多奇特的人。我问"你的梦想是什么？"他回答是"环游世界，成为演说家，成为销售冠军"。我认为这样的员工想做的事太多，且只想做大事，小事不愿意干，不适合我们。这样的人很难看清自己的能力与梦想之间的距离，人生最大的内耗就是身体与心灵无法合一。

　　我在某大学演讲完以后，因为PPT上有我的电话，很多学生都给我打电话，结果可想而知，那么多电话和短信真令我应接不暇。很多人听了我的演讲，晚上兴奋得睡不着觉就给我发短信。现在，还有很多学生一直与我保持联系，他们有什么问题也会向我请教。有些人大学毕业后就直接来我的公司上班。其中有一个女生给我留下的印象最深刻。那天我讲完课后，她对我说自己的目标不明确，不知道怎么定位，我就给她讲了自己的一些经验，希望能帮助到她。

有天晚上11点她给我打电话："王老师，我孤独，我痛苦，我纠结。"我对她毫不客气地说："你是闲的。"她没有说话，我接着说："明天张艺谋找你拍电影，今天你绝对不会有这样的想法。你为什么睁着眼睛说迷茫，你为什么感觉没有方向？就是因为你没有明确的目标，你不知道自己想要什么。"

如果每个人都知道自己要做什么工作，知道未来能成为什么样的人，就绝对不会迷茫。就拿我来说，我甚至没有时间思考痛苦。在录制本书同名课程光盘的前一天晚上我只休息了4个小时，然后持续录制了7个小时的视频。第二天上午我还要参加公司的高管会议，下午再为代理商做培训，且未来十几天的课程已经安排好。这样的我怎么会迷茫？这样的我在面对紧张有序的工作时会很快乐，因为我对自己有规划，有安排。

人生最大的悲哀有两个：第一个就是爱情和婚姻不一致，娶了一个或嫁了一个自己不爱的人，还一起生活了一辈子；第二个悲哀是兴趣和工作不一致，干了一辈子自己不喜欢的工作。如果你现在正处于这样的悲哀中，就要重新为自己做好规划，不要让悲哀延续下去。

我看过一个非常有趣的调查：假如你还有50年的寿命，你会做些什么呢？结果大多数人都选择保持现状。大家会想，我还有50年呢，死亡离我还很远。但是按下来问一些人：如果上帝告诉你你还有15年的寿命，你会去做什么？可能这个时候有一部分人会想，我的时间不多了，我要完成自己心中的梦想，也许这是我这一辈子唯一的机会了。有了这样的想法，你就会全力以赴地去实现梦想。如果再问对方：上帝很遗憾地告诉你，你还剩5年的时间可以活，你会怎么做呢？也许很多人会马上行动，吃好吃的，玩好玩的，到世界各地旅游。如果上帝告诉你：你能活的时间已经只有5天了，你会去做什么呢？也许很多人会和家人一起度过最后的时光吧。

　　在工作中，我们可以把自己的目标量化，比如为自己设定一天的目标，设定一个星期目标，或是一个月的目标，这样你的目标就会很明确，实现起来也不会太困难。如果你把自己的目标设为这辈子要完成的任务，就像你被上帝告知还有50年寿命一样，会毫无目标感，也就不会努力去实现了。

　　在培训课上，我让学员写下自己2年内希望获得的收入和职位。比如你现在是普通员工，可以写下通过自己的努力，2年后成为公司的营销总监、团队主管。假如你现在的月收入是2000元，你可以写2年后的月收入是2万元。总之你写下的一定是令你非常激动的目标。

　　一分钟之后，我说"写2年以后月收入超过1万元的请举手"，学员几乎全举手了；我说"写5万元的请举手"，有一半人举手；我问"有没有写月收入过10万元的人"，还有很多学员举手；我继续问"有没有写月收入20万元的学员"，还有一部分学员举手。最后，我对学员说："写多少都不重要，但假如我说一会儿可以到门口领取你写下的2年后的月收入的相应金额。你会不会感到自己写得太少了？"

其实，我们的人生不就是这样吗？人无志气一生穷，在贫穷榜上排第一位的就是没有梦想的人。那么在职场中什么叫成功呢？我认为在职场当中成功的定义是达成自己的既定目标。假如你的目标是主管，通过你的努力奋斗，你真的做到了主管，那就成功了；假如你的目标是总经理，辛辛苦苦跟着老板打拼了很多年，终于成为总经理，就算成功了。

因此，对职场当中成功的定义，就是你达到了自己的目标。我曾对一个员工分析他失败的原因，他和很多同事能力相当、学历持平、年龄相仿，可在同样的时间内，别人加薪升职了，他却还在原地。难道这是人各有命吗？我认为人各有命的原因是人各有志。因为每个人有不同的志向，注定了人与人有不同的结果。如果起点一样，终点却不同，也许问题出在实现目标的计划上。如果你没有一个成熟的计划，失败很可能会尾随而来。

20世纪50年代初，哈佛大学对1万人进行了一项长达25年的跟踪实验，结果发现27%的人没有目标，60%的人目标模糊，10%的人虽有目标但大多是短期目标，只有3%的人有清晰且长远的目标。这3%的人明确知道自己1年后要做什么，5年后要做什么，10年后要做什么，一辈子要成为什么样的人。这些人一直在为自己的目标努力奋斗，他们最终成为社会上各个行业中最顶尖的成功者。

10%有短期目标的人活在社会的中上层，很多人成为企业的高级管理人员、律师、医生，过着自己想要的生活，但与那3%的人还是有差距的。

60%有目标却比较模糊的人大部分处于社会的中下层。他们有着较为稳定的收入，但绝对谈不上富裕。

27%从来没有目标的人生活在社会的最底层，而且这些人每天都在抱怨、发牢骚。他们的家庭不幸福，生活也很潦倒。

我一直认为职场人士也可以分成四类人。

第一类，可悲之人。可悲的人没有目标，没有梦想。问他想做什么，他说不知道。问他想成为什么样的人，他也不知道。问他未来想帮老板达到什么样的目标，他更是没有思考过。

第二类，可怜之人。可怜之人不敢有梦想，不敢设定目标。这个干不了，那个没能力，即使有机会也被这种人浪费掉了。

第三类，可恨之人。我们身边就有这样的同事，当你下定决心成为一名卓越的员工，为老板创造无限价值的时候，这些人就会在你旁边说"做那个干什么呀，老板又看不到，你傻啊"！我相信你身边多多少少都会有这样的人。他们就是可恨之人，偷走别人的目标，也破坏着别人的梦想。

第四类，可爱之人。这类人是最棒的一类人，他们很多都是企业里的核心员工，也可能是我们的老板。他们能在我们困难时提供帮助，在我们迷茫时指引方向，在我们成功时送上真诚的祝福。我们可以衡量一下自己是哪类人，如果你还不够优秀，请改正自己；如果你是可爱之人，请继续保持。

如果把日子进行一下分类，那么，我认为人这一生中只有三天，即昨天、今天和明天。昨天已经永远过去，再也回不来。你的辉煌与失败统统留在了昨天，再也不会重现。明天永远是未来，捉摸不定。因此，我们要活在今天，活在当下。当下的状态也决定着自己未来的成就。

很多大学生找不到工作，是因为他们不甘心做一些平凡的工作。他们不相信自己拿着高学历却找不到好工作。假如你对老板说："我现在有文凭，但是文凭不能代表能力，我愿意从公司的最基层做起，您可以看我的表现。您觉得好再考虑给我加薪，我表现得不好，您直接把我开掉。"如果你这样说，还愁找不到一份工作吗？但现实情况却是很多大学生变成了"啃老族"。他们不愿意放下身段找工作，而是在自己设想的梦里浑噩度日。如果你告诉我自己英雄无用武之地，那只能证明你还不是英雄。人才早晚都会有舞台，没有舞台，说明你还不具备人才应有的价值。

有一次我在一个论坛上发表演讲，我说："你们的孩子放假了，为什么哪都不去就在家里玩游戏，变成了宅男宅女？原因很简单，就是他们不知道自己的未来是什么样子，不知道他们明天能够成为什么样的人。很多孩子上了我的课后，不再玩网络游戏而是好好学习，那是因为他们为自己设定了目标。"

有一个叫李美玲的小女孩来威海上我的课。我问她："美玲，你的目标是什么呢？"她对我说："王老师，我的目标是当大官。"虽然小女孩的目标在我们看来有点儿不切实际，但我们不能打消孩子的积极性，随着年龄的增长，她自然会不断完善自己的目标。因此，我便对她说："你要当大官啊，这是个伟大的目标。在达到目标之前，你要严格要求自己啊，长大了做个好官。"结果在接下来的几天训练中，她都会严格要求自己。每次下课后，所有的人都走了，她还在会场里捡垃圾。我说："孩子，你不需要做这些，我们的助教老师做就行了。"她却对我说："王老师，我未来会成为大官，我要以身作则啊。"训练营结束了，美玲回到家后，每天依然严格要求自己。我不禁会问，这样的孩子还会天天泡在网络的世界里吗？

其实，每个孩子都不愿意被管，但他们需要引导，所以真正有智慧的家长就要学会给孩子设定目标，给孩子设定未来，而不是等孩子到了大学以后才告诉他们这些。

我到大学里演讲，有个大学生对我说："王老师，今天听完您的演讲，我发现自己现在在浪费生命。我毕业以后绝不会从事现在的专业，一辈子都不会从事。"我听了这句话特别难过，便说："那你在大学四年里岂不是天天都在浪费青春？大家都知道爱好不等于职业，比如有人喜欢打篮球，我也喜欢打篮球，但是我知道自己不会成为职业的篮球运动员。喜欢只能算是爱好，不能当作职业。我也喜欢打乒乓球，但是我也知道自己不可能进入国家队；我也喜欢跑步，但我知道自己这辈子不可能和博尔特一起赛跑，所以说爱好不等于要从事的职业。"

我一路走来的十几年里，在饭店里做过服务生，也做过厨师。在做厨师助理的时候，我的目标是成为厨师。所谓厨师助理就是给厨师打下手，厨师把菜做好后，助理厨师要抓紧时间把锅刷干净。厨师的待遇要比厨师助理的待遇好很多，且受人尊敬，人人都喊他师傅，炒的菜又好吃，所以我那时候的目标就是成为厨师。为了这个目标，我天天跟着炒菜最好的厨师后面学习，喊他师傅，讨他喜欢。最终，他把自己的手艺都教给了我，我也如愿以偿地成了一名厨师。

后来我又从事了销售工作。我进入公司后的目标就是成为销售冠军，于是，我开始打听谁是公司里的销售冠军，找到他之后，我天天请他吃饭。一个星期后，他主动找到我说：

"咱们中国有一句话叫'吃人家的嘴短，拿人家的手短'。你刚来公司不久，也没有多少钱，却请我吃了一个星期的饭。我也没什么可回报的，就把自己的一些销售技巧教给你吧，否则我的内心都不安宁啊！"就这样，我学到了很多销售技巧，还从他那得到了很多小客户。我在这一基础上连续奋战了一个月，结果，第二个月的销售冠军名头就落到了我的头上。

再后来，我到一家培训公司工作。我知道自己有些内向，不爱讲话，又很自卑，但我在公司领导的影响下为自己定下目标——成为一名演说家，成为专业讲师。于是，我每天跟在那些讲师的后面做跟班，为他们处理很多琐碎的事情。我说："老师，您要出去讲课，我能不能当您的助理？"那些老师一看我这个小伙子态度那么好，人品还不错，就点头同意了。那个时候我还不会讲课，但现在我的梦想实现了，我成了专业讲师。

成为专业讲师后，我又到了另一家公司，还是从最基层的业务开始做起。但在那个时候，我有了新的目标，我想做管理，因为一个讲师站在舞台上，光能说还不行，还要做出成果给大家看。这样的讲师才有资格始终站在舞台上，才能让大家信服。我记得李嘉诚说过一句话"只有结果不会骗人"，我一直都把这句话作为座右铭，我就是要做出成果。

一位前辈曾对我说："你能做销售，个人业绩好只能算优秀，你若能带着一帮人做好业绩，那才能叫成功。"因此，我在2个月内发展了一支有20多人的团队，而且很快使其成为公司最强的销售团队。我要做管理，要讲管理的课程；我要带团队，要讲团队的课程。我去公司的时候是个普通的业务员，但我离开这家公司的时候，已经是这家公司的营销部总监。在这家公司里，我只受命于两个人：一个是董事长，一个是总裁。

回顾自己的工作经历，我在离开任何一家公司的时候，都会成为那家公司最优秀的员工之一，这也是我对自己的职场定位。每个人都要给自己做职场定位，不管今天的你是员工也好，是高管也好，都要给自己做好职业规划，因为只有一个完善的计划才能帮助你不断进步，不断走向成功。

■ ■ ■ ■ ■ 方向对了，前进就是进步

众所周知，山姆·沃尔顿是沃尔玛的创办人，连锁超市沃尔玛开遍了全世界。有一次，山姆·沃尔顿看到竞争对手的公司倒闭了，就让自己的司机停车，说："咱们下去学习一下。"他的司机说："老板，它倒闭了，我们还学习什么？"山姆·沃尔顿回答："我们进去学习一下它倒闭的原因，避免以后我们犯同样的错误。"可见山姆·沃尔顿最伟大的地方不是创建了沃尔玛，而是他敏锐的商业嗅觉一直在引领沃尔玛向正确的方向发展，才使得它越来越大、越来越强。

一个人步子迈得大小不重要，最重要的是方向是否正确。如果方向对了，前进一点点都是进步；如果方向错了，前进只能使其离成功越来越远。

阿姆斯特朗是世界登上月球的第一人，他小的

时候就给自己定了一个目标——登上月球。他终于在1969 年 7 月 21 日（北京时间）登上了月球，还说了一句震惊世界的话："这是个人迈出的一小步，但却是人类迈出的一大步。"无疑，阿姆斯特朗是人类探索月球的英雄，但随着时间的流逝，人们的焦点也会发生转移。当光环与掌声退去，这些英雄是否能一如往日地朝着自己的目标努力呢？阿姆斯特朗做到了，而他的登月伙伴奥尔德林却因失去了奋斗目标患上了抑郁症。

从这一案例中，我们可以看出，如果一个人失去了目标是多么可怕。所以，目标是清醒剂，目标是我们在职场获得成功的导航灯。如果我们是一条在海上航行的船，一旦没有方向，船只能在海上漂荡，不知道去哪里。

不管现在的你在公司里是什么职位，只要你的前进方向是正确的，并一直朝着那个方向努力，一定会在不久的将来有不小的收获。没有航向的船永远也无法到达成功的彼岸，没有方向的司机把车开得再快，只能带来更大的灾难。可见，正确的方向会给你无限的力量，方向对了，前进就会成功。

■ ■ ■ ■ ■ 明确目标，成就卓越

　　我曾经做过这样一个实验：手中拿着一个竹竿，让学员目测竹竿的高度，然后迈过去。之后，把他们的眼睛蒙住，再让学员迈过去。其实，我悄悄把那个竹竿拿掉了，学员因为蒙着眼睛什么都看不到，所以他还会继续之前的动作。

　　这一实验说明：当你心中有目标的时候，就知道自己该怎么做；当你没有目标的时候，很可能每天就在公司里混日子。我每年都会为自己设定十大目标。比如，孝顺目标、物质目标、晋升目标、收入目标、合作目标、学习的目标等等。不过，在设定这些目标的时候，要注意目标设定的五要素，即目标合理、时间期限、衡量进度、自我检讨及坚持到底。

目标合理

　　在我还是某公司的销售总监时，有个人到公司来面试。我问他："你的梦想是什么？"他回答："王老师，我的梦

想是成为李嘉诚先生那样的成功者。"我看他很年轻，便说："很好，这个目标很宏伟，那你想在多长时间之内达成呢？"他回答我说："王老师，我想在3年之内达成。"我说："你知道李嘉诚先生用了多少年才实现了自己的梦想吗？"他回答："不知道。"我接着问："你知道李嘉诚先生今年多大年纪了吗？"他没说话，只是摇了摇头。我对他说："李嘉诚先生已经80多岁了，他十几岁开始步入社会，用了大半辈子才拥有现在的一切。你要在3年之内超越他，不是不可能，只是希望比较渺茫。"

这件事也让我明白，在设定职场目标的时候，不单单要敢于突破自己，更要基于自己的实际情况对目标进行合理地设定。

我在每家公司里都是从最底层一步步做起的，从普通销售人员变成销售主管，然后晋升为销售经理、销售总监，最后成为公司的合伙人。如果你现在是一个普通销售员，你将自己下个月的目标定为开一家分公司，这个目标也许会实现，但它并不合理。

时间期限

设定明确的职场目标要有明确的时间期限，即确定自己多长时间内完成这个目标。很多老板在考察员工的时候也会将时间期限作为一个衡量标准。一个有较强时间概念的人通常做事会很有条理，不会在任何事情上浪费时间，更不会在工作中拖拖拉拉。

衡量进度

在日常工作中，没有人每天跟进你的工作进度，也没有人天天为你是否偏离了正确的方向把关。从设定目标到获得成功的过程中，最重要的一点是要衡量进度，也就是时常做自我检查，看看自己是否离目标越来越近，是否偏离了原来的航道。也可以把大目标设定成一个个小目标，这样便于我们日常检查，更可以看到自己每天的进步，从而促进大目标的达成。

自我检讨

在日常工作中，我们还要经常总结自己在工作中的经验与失误，优势要继续保持，劣势要不断改进。检讨自己每天有没有朝着目标努力，有没有靠近自己的目标。经常总结自己的得失也是一个促进个人进步的重要方法。

坚持到底

很多人没有成功，最关键的因素就是没有坚持到底。一个人设定了合理的职场目标，最重要的是持之以恒地执行下去。也许在行进的过程中会遇到很多阻力，但那些都是帮助我们成长的动力，所以，我们大可不必在意那些阻碍，只要勇往直前地走下去，就会离目标越来越近。

在给学员讲课的过程中，我发现卓越员工的工作也同样具有上面提到的这五种要素：明确的职场目标，详细的工作计划，立刻采取行动，自我检讨与改进，坚持到底。

19世纪美国哲学家、诗人爱默生曾说过："一心向着目标前进的人，整个世界都会为他让路。"而我也一直认为，一个有目标的人，活在这个世界上才有价值；为企业，为家人，为朋友，为自己，为社会持续不断创造价值的生活才有意义。电视剧《士兵突击》里的许三多有这样一句台词："好好活，就是要做有意义的事。"什么叫有意义？我理解为有价值、有尊严、有目标。

俗话说：一年之计在于春，一日之计在于晨。时代变了，观念也要变，所以我把这句话改为：一年之计在于去年年底，一日之计在于昨天晚上。因为你今年如何发展，在于去年年底为自己设定了什么样的工作目标；而一日之计在于昨天晚上，就是你今天要做哪些事情，取决于你昨天晚上对今天的合理规划。

如果你认为我说的有道理，那么也为自己设定一个明确的职场目标吧。认真执行你为自己设定的目标，在潜移默化中改变自己，提升自己，最终，你会成为老板身边最重要的那个人。

融入团队
——做团队里最优秀的一员

如果你想成为受大家欢迎的人，如果你想成为团队的领导，你应该善于向对方传达这样的信息：这件事没你不行，以你的能力绝对没问题，无论如何要拜托你。当对方听到这样的话时，心里一定很舒服，因为你让对方感到自己得到了认可与重视。

▪▪▪▪ 团队是企业的命脉根本

　　人生要做对四件事：选对朋友，选对老师，选对伴侣，选对团队。选对了朋友就会快乐一生；选对了老师就会智慧一生；选对了伴侣就会幸福一生；选对了团队就会成就一生。不过，选对朋友要珍惜，选对老师要听话，选对伴侣要惜福，选对团队要努力。所谓团队，指的就是我们所在的公司。在对的团队里最大限度地发挥自己的能量，在成就自己的同时也是成就团队。

　　经营企业，带好团队，就是经营好企业的命脉根本。什么是企业的命脉根本？"命"就是指企业的业绩，一个企业有业绩就有了生存下去的希望。"脉"是指企业的组织，也就是说有组织唱大戏，没组织唱独角戏。"根"是指教育，"本"是指管理。

　　众所周知，《三国演义》《水浒传》《红楼梦》《西游记》是我国的四大名著。在研究其文学价值的同时，我发现这四本书也在讲着同一件事情——管理，也就是组织经营与团队建设。这其中最基本的就是组织，因为一个企业没有了组织就不可能再谈其他的事情了。《三国演义》中的组织经营手段叫结拜，《水浒传》的组织经营模式叫结义，《红楼梦》中的组织经营手段则叫认亲，《西游记》中的组织经营手段可以命名为组团。

刘备要匡复汉室，第一件事就是组建团队：先是关羽和张飞，然后是赵云、马超、黄盖，一众兄弟与刘备肝胆相照共创大业。宋江要闹革命，但他不能当光杆司令，他需要另外107位英雄的帮助。如果没有这108位英雄，水泊梁山也不会固若金汤，令朝廷左右为难。唐僧要去西天取经，第一件事就是组建团队。如果没有三个徒弟的一路保护，很难想象唐僧能去西天取回真经，可见团队在组织中有多么重要。古往今来，凡是想成事，第一步都是组建团队。可见，一个强有力的团队是成就事业的先决条件之一。

在与众多企业家的交谈中，我听到了这样一种说法：现在是打群架的时代，单打独斗早就过时了。这话听着粗糙，却道出了企业经营的本质。没有一个人的成功是完全建立在个人基础之上的，所以团队对于一个人的成功尤为重要。在一个成功的团队里面很少有失败的个人，在一个失败的团队里面也不会有成功的个人。

▪ ▪ ▪ ▪ ▪ 融入团队，不是融入团伙

俗话说"人分三六九等"，那么团队也自然有优劣之分。根据十几年的工作经验，我将团队也分为三个层次。

第一个层次：团伙

有一次，我去东北一家公司讲课。这家公司一个星期只休息一天，可这家公司的老板却把课程安排在员工休息日那天。可想而知，员工怎么会愿意放弃仅有的休息日来听课呢？但这些情况在上课之前我是全然不知的，所以当我站到讲台上时发现了一个很奇怪的现象：所有人都用仇视的眼光看着我。我讲什么，他们也不关注；我讲笑话，他们也不理睬；我试图互动起来，他们也不配合。我想自己的着装和讲课内容

没问题吧，到底是哪里得罪了他们呢？

下课以后，我问办公室主任是怎么回事。他有些不好意思地说："王老师，其实今天他们应该休息，但是您来了，他们就把仇记在您身上了。"我回答："原来是这么回事啊，还以为是我讲课的问题。"中午见到这家公司老板后，他对我说："王老师，俺的团队怎么样？"我说："我没看见团队。"他很纳闷地问我："那你看见了什么？"我回答："看见了一个团伙。"

那位老板听到我的回答有些失望，我就把学员的表现和原因告诉了他，并说明这样的安排不太合理。最终，老板认识到自己的失误，我也尽快讲完了课程并为耽误了学员的休息表达了歉意。

什么样的团队被叫作团伙？如果用一个字来体现就是"斗"。团伙可以理解为吃饭共同体，就像黑社会抢银行，最后分赃不均窝里斗。这家企业虽然不是打家劫舍的团伙，但我在员工的眼神里看到了愤怒和不屑，他们在为了不能休息而肆意报复，这样的团队已经具备了"团伙"的要素了。

第二个层次：团体

团体要比团伙好一点，可以理解为工作共同体。如果团体用一个字来体现，就是"耗"。你把科长耗走了就可以当科长，你把局长耗走了就可以当局长。在有的公司里面也是这样，员工不是想着通过努力奋斗升职加薪，而是想用把上司耗走或挤走的手段上位。这些员工总认为上司不走，自己永远没有机会，这样的想法是极为错误的。因此，一个团体想成为强有力的团队就要打造"能者上，庸者下，平者让"的机制，让优秀人才脱颖而出。

第三个层次：团队

团队是组织的最高层次，用一个字来体现就是"爱"，也可以理解为事业共同体。大家为了一个梦想，为了共同的事业走到一起。火车站、飞机场人很多，但只能叫群体。有共同奋斗目标的人聚到一起才叫团队。

假如你是一个团队的领导，或者公司里的中层干部，请你永远记住：人在一起不叫团队，只有心在一起才叫团队。真正的领导者不是带着一群失去心灵的躯壳工作，而是带领一群富有生命力的精英去实现大家的理想。真正的领导力是领导人心的能力。假如你还是个游离在团队之外的人，那就要认清"团伙""团体"与"团队"的真正区别，擦亮眼睛，仔细甄选之后加入有爱的团队。

■ ■ ■ ■ ■ 莫做不受团队欢迎的人

每个员工都想成为企业里最受欢迎的人，但精英毕竟是少数，大部分员工还是普通的。在成为精英的路上，我们首先要明白什么样的人最不受欢迎，不要在不自知的情况下得罪人。

公司里的"活死人"

什么叫"活死人"？就是那些对谁都不理睬，对什么事都漠不关心的人。在很多公司都有这样的人。他们大多跟着老板一起打江山，现在却变成了公司里的"刺儿头"，成了老板心中永远的痛。他们在最苦、最难的时候和老板一起创业，在公司中有很高的地位，但随着时代的进步，这些元老跟不上时代的步伐，又不愿意改变，所以显得与其他员工越来越格格不入。

还有一种"活死人"指的是没有工作状态的员工。你叫他名字，他有气无力地回一声"嗯"。你再叫他，他还是有气无力地回一句"干什么啊"。你告诉他"老板找你"，他只会慢吞吞地说"知道了"，但不知道多久后才会过去。在很多公司里或多或少都会有这样的员工。

我的员工中有很多人都当过兵。为什么我喜欢当过兵的人？因为我喜欢他们有令则行、无令则止的工作风格。比如，我在公司叫一个人过来，他会很痛快地回答"好的，王总，马上到"。也许有人会说，你不就是想要听话的人吗？其实不然。我认为公司应该营造一种高效的工作氛围，不要浪费工作时的每一分钟。在工作时认真工作、在休闲时尽力放松，才是最佳的工作状态。

"吸血鬼"更可怕

在公司里面不受欢迎的还有一种叫"吸血鬼"的员工。他们拿公司的，吃公司的，有时还会见利忘义，靠出卖公司情报获取利益。这种人比"活死人"更可恶。

莫做害群之马

有些员工喜欢在公司里面传播同事的花边新闻，说领导的坏话，还经常在同事面前抱怨这不好，那不好。这样的员工可谓是公司的害群之马。

一头牛干了一天的活，很累。它回到圈里就跟旁边的马发牢骚:"哎呀,今天努力工作了一天,累坏了,明天真想好好休息一下。"然后,马对旁边的驴说:"你看这头牛今天确实挺辛苦的,牛说明天无论如何也要休息一下。"驴又跟旁边的骡子说:"牛明天无论如何都要休息,它不想干了。"骡子跑到猪圈里对猪说:"明天牛就要辞职了,因为它说老板对它太狠了,它一天干那么多活,明天它一定要辞职。"猪又跑到主人那里说:"那头牛想害你,主人。它明天要辞职。你每天喂它那么多好吃的,它干点儿活就抱怨。"结果,第二天主人二话没说就把那头牛给杀了。

你所在的公司中是否也有这样的马、驴、猪呢?它们都为牛的死"贡献"了自己的力量。可见在公司传播负能量是多么的可怕。一家公司如果多几个这样的害群之马,那真的很难生存下去。所以,如果你不想成为害群之马,就应该从此在公司里多传播正能量。如果说讲正面消息就是行善积德,那么讲负面消息就是谋财害命。我想那些爱讲负面消息的员工也不会想要谋害他人性命吧。

从另一个角度看,对于公司中那些不受欢迎的员工来说,这样的局面也不完全是他们个人的原因,公司的领导也起着很重要的作用。一位好领导可以塑造更多的精英,一位无能的领导也会害了很多追随他的人。所以，在培养员工方面，领导也有着以下几宗罪状。

第一宗罪：没有方向

如果一家公司的老板或是一个团队的主管在组织管理中没有方向，那么这对公司或是团队将是一场灾难。

唐僧为什么能当领导？他为什么能领导孙悟空、猪八戒、沙和尚等有能力的人去西天取经？原因就在于唐僧始终有正确的方向。假如没有唐僧，这几个人估计早就散伙了。唐僧经常说的一句话就是："贫僧从东土大唐而来，到西方拜佛求经。"这句话说明什么问题？他为什么见人就说这句话？其实他是在时刻提醒自己是从哪里来，要到哪里去。可见，领导者绝对不能失去方向，否则员工会更加没有方向，所有的努力也都是徒劳。

第二宗罪：死不认错

中国人比较好面子，往往是死不认错。很多父母即使错怪了孩子，也很少向孩子承认错误，因为那会让他们觉得很没面子。在公司里，很多领导错了也不愿向下属道歉，因为他认为道歉会使自己失去在员工中的威严。其实，这种想法都是虚荣心在作祟，勇于承认错误才会少犯错误，勇于承认错误的领导才会更受人尊重。

我们公司规定上班迟到要受到惩罚。有时候我自己也会迟到，常言说"天子犯法与庶民同罪"，我作为公司的老板，迟到了就会自动在门口做10个俯卧撑，然后往前台的小金猪里投10元钱，再向大家鞠躬道歉："对不起，我迟到了。"这就是我们公司的企业文化，所以员工一般不会无缘无故地迟到，更没有人迟到了还不接受处罚。

假如你是团队的领导，在自己犯错误的时候一定要对下属大声地说："对不起，我错了。"我相信，当你说出这句话的时候，员工的心一定会离你越来越近。

第三宗罪：没有状态

良好的状态能产生更多的能量，而能量决定结果。有这样一个管理学理论：一群羊让一头狮子来带领，通通变成狮子；一群狮子让一头羊来带领，通通变成羊。所以，老板的状态决定了整个团队的工作状态，领袖的性格决定了团队的风格。如果老板自己都没有状态，就别指望员工能够有状态地工作了。

第四宗罪：虚假的爱

什么叫虚假的爱？只停留在口头上的爱就是虚假的爱。很多父母给孩子承诺"考100分给你买礼物"，结果什么都没买。很多老板也会天天在嘴上说"你好好干，我就给你加

薪"，却迟迟没有落实。如果老板天天说这样的话却没有实际
行动，员工还会相信吗？其实，用心对待员工，员工自然能
感觉到，不要把虚假的爱挂在嘴边，而要把真实的爱体现在
行动上。

■ ■ ■ ■ ■ 打造鹰一样的个人，融入雁一样的团队

什么才是真正的团队，在我十几年的职业生涯中，我认为真正的团队要具备以下6个标准。

信任是企业基石

信任是基础，当团队成员之间没有信任，一切都是空谈。我把信任分为三个等级：一等信任叫信赖不依赖；二等信任叫信赖又依赖；三等信任叫依赖不信赖。作为团队中的一员，你真的是发自内心地相信自己的队友吗？作为团队中的一员，你又该如何让其他队友完全信任自己？

如果你想成为受大家欢迎的人，如果你想成为团队的领导，你应该善于向对方传达这样的信息：这件事没你不行，以你的能力绝对没问题，无论如何要拜托你。当对方听到这样的话时，心里一定很舒服，因为你让对方感到自己得到了认可与

重视。有了这种感受，对方很可能会说："请放心，保证完成任务。"因为你相信他，他也会非常相信你。

在团队中，这样的话非常有力量。我也经常对员工说："我相信你一定做得到，我也为你感到骄傲。"只有彼此多说鼓励的话，信任才会慢慢深入到彼此的内心。

合作才是真正的团队标准

什么叫合作？假如我们的团队有10个人，每个人贡献1份力量，就会有10份力量。如果团队中的每个人力量稍微差一点，只有0.9，那么10个0.9相加的结果等于9。如果每个人的状态好一点点，效率高一点点，将0.9变成1.1，那么10个1.1相加，其结果等于11。一个是9，一个是11，这就是差别。

很多人崇拜乔丹，认为他很优秀。其实乔丹之所以成功，他个人有能力是当然的事情，但如果只有乔丹一个人有能力，他也不可能获得团队冠军。首先，乔丹有一个最棒的教练——菲尔·杰克逊，其次，他有一个最棒的队友——皮蓬，他还有最棒的篮板王——罗德曼。正因为他的教练非常优秀，队友也非常优秀，所以团队才如此强大，乔丹个人才能如此成功。

2005年春节晚会上有一个经典节目叫《千手观音》，站在最前面的美丽姑娘叫邰丽华。那场演出成就了邰丽华，但从另一个角度看，如果没有她身后的20多位伙伴，如果没有身边的教练，如果没有她背后的残疾人艺术团，也许根本不会有《千手观音》这个节目，观众更不会认识她。

我们都还记得《千手观音》表演时的美丽场景，在前面看似一个人在表演，其实是一个团队在努力。令人震惊的是，她们都是聋哑人，在她们的世界里没有声音也没有语言。在排练的时候，她们嘴里都咬着一根绳子，教练动一下绳子表示该做哪个动作，她们都十分清楚。凭借超强的团队合作意识，她们为观众呈现了一场精彩绝伦的表演，这也正体现了团队的魅力、团队协作的力量。

狼的身形要比老虎小很多，如果让狼与老虎单打独斗谁会胜利？不用问，答案肯定是老虎。既然老虎这么厉害，为什么老虎会被列为珍稀保护动物，需要人类保护才能生存呢？因为老虎有个信念：一山不容二虎，除非是一雌一雄。老虎都有自己的地盘，没有合作意识，每只雄虎身边只能有雌虎，如果哪只雄虎想加入，二者之间就会互相厮杀，其结果只能是其中一方死掉。也许就是因为这种不合作的观念，导致老虎落得要人类保护才能生存的结果。而狼却不需要人类的保护来维系生存。狼到任何地方都是团队作战，而且狼的团队精神让其成为狩猎能力最强、成功率最高的物种。狼在狩猎时各有分工，且有严格的纪律，所以它们的成功率也极高。在组织管理中，狼的团队精神非常值得我们学习与借鉴。

其实，在我们的身边还有许多动物会给我们启示。比如蚂蚁搬家的团队精神，大雁南飞的团队精神，狗对主人的忠诚，羊对母亲的感恩。小羊在吸吮乳汁的时候都是跪着的，大雁在南飞的时候会排成人字形。因为组成人字形可以使飞行的阻力降到最低。如果大雁各自乱飞，也许根本到不了南方。

雁群南飞的时候，所有大雁一边飞一边鸣叫，这是在鼓励整个雁群一起加油坚持到胜利。飞在雁群最前边的大雁是最累的，飞在雁群后面的大雁是最轻松的。如果途中哪只大雁飞不动了，就会飞到雁群后面休息一下，其他的大雁就会努力飞到前面继续带领雁群南飞。如果途中有大雁受伤了或者生病掉队了，会有两只大雁留下来照顾受伤的大雁。在伤好之后，三只大雁继续组成人字形飞往南方。这是令人类都钦佩的团队精神，所以我一直倡导大家要做一个像鹰一样的人，要加入像雁一样的团队。

也许小的胜利可以靠个人的单枪匹马取得，但伟大的胜利就必须要依靠团队的力量。

在2008年8月8日北京奥运会的开幕式上，我们看见了一个由1700多人组成的巨型人体鸟巢。这些人都是武术学校、军队里最年轻、最有活力、最有团队精神的人。后来记者采访这个节目的导演，问他如何训练这个特殊的团队。导演说在训练的过程当中，因为一个人要支撑好几个人的力量才能完成人形鸟巢，加之每天训练时间都超过了10个小时，所以很多人的肩膀都被踩烂了，还有一些人摔伤了，但大家一直坚持着，没有一个人退出。如果有任何一个人中途退出或者掉下来都不会有这么精彩的演出。

无论是动物还是人类，团队精神处处可见，让我们时常感到团队精神的伟大。我经常对学员们说："在这个世界上，没有完美的个人，只有完美的团队。"

推崇你的员工

有些人会说，领导在公司里要尊重员工，这是对的，但我更提倡领导应推崇员工。假如你在给新员工介绍同事时说："这是我们心态最乐观的翟青松老师，这是我们业绩最好的王浩朋老师，这是我们主持最棒的凯丽老师，这是我们的销售冠军世杰老师，这是我们最帅的董超老师……"如果你这样给新员工介绍公司的同事，新员工会有什么感觉？他一定会想：哇，我加入的这家公司全是人才啊。但如果你只是简单介绍一下其他同事的名字和职位，这位新员工对这家公司就不会有很深刻的感受。你这样做的另一个好处就是，你在向新员工的介绍中顺便夸奖了老同事，这不仅给了老同事面子，而且会让老同事感觉到老板很看好自己，从而更加努力工作以保持自己优秀的一面。

在我做销售的时候，领导教我的一句话令我一生受用。他对我说："你一定要记住，永远要坚持不懈地在别人背后说好话。因为坏话传千里，你说别人坏话，总有一天会被人家知道，当然，好话也是一样的。"这句话我一直铭记在心。尽管现在我也成了老板，但我还是会推崇我的员工，推崇我的合作伙伴，这也让我受益匪浅。

包容让成功更顺利

包容就是一个人的涵养。我们发现很多团队变成了团伙，就是因为团队成员之间不能包容。

不久前去世的南非总统曼德拉曾在监狱里度过几十年的铁窗生活。他出狱后当上了南非的总统，那些曾经在监狱里虐待过他的士兵都很恐惧。他们怕曼德拉怀恨在心，回来找他们的麻烦。正在他们害怕的时候，曼德拉真的又回到那所监狱，但曼德拉没有报复这些士兵，而是向他们深深地鞠了一躬，并说："没有你们的磨炼，我不可能有今天。如果我走出这个监狱，还活在仇恨当中，还要找你们报仇，那么我的人出来了，我的心仍然在监狱里。所以当我走出监狱那一瞬间，就选择了原谅你们。"

曼德拉的社会声誉很高，他是一位当之无愧的英雄。这件事也体现了曼德拉包容他人的能力，也正是这种包容之心支持他完成了更多的目标。

古代有一个船家靠摆渡为生。有一次，他载了一船人划到河中间，突然河岸边又来了一位将军。将军说："船家快回来，我有急事，回来把我带过去。"船上所有的人都说："咱们都到河中间了，他这么着急也没有用，船家下次再带他吧，我们也有急事。"那个将军又着急地喊："船家你快点回来，我真有急事啊。"船家也觉得"我们已经到河中间了，下一趟再来接你也不迟吧"。

这时候船上一位老者说话了："与人方便，与己方便。这位将军那么着急，一定有什么急事，咱们不如就回去接一下他吧。"那位老者是位得道高僧，大家都很尊敬他，于是就建议船家回去接那位将军，船家又将船驶了回去。

将军上船后发现没有座位，目光便落到了那位高僧的身上，他拿起鞭子就抽向高僧，并说："秃驴，滚开！"顿时，高僧的头被抽得鲜血直流，但高僧并没有反抗而是起身对将军说："你请坐。"这个时候船上的人纷纷向将军投去了鄙视、愤怒的目光，并七嘴八舌地说："这人怎么这样，要不是这位得道高僧，谁会回来接你呀，你还打他。"将军突然感到所有人都在看自己，他立刻不自在了，好像意识到了什么，坐也不是，不坐也不是，心里非常难受。但这位高僧始终在旁边站着，没有说话。

　　船到岸后，所有人都下了船。高僧下船后到河边清洗自己的伤口。这时，将军再也忍受不住良心的折磨，跪在高僧身边，说："师父，我错了，求您原谅我！"

　　在工作中，我们经常会遇到"将军"这样的人，最好的处理办法就是包容对方。就像上面故事中的得道高僧那样，用一颗宽容的心去理解和包容对方，也许事情会往好的方面发展。

　　曾经有个武士问禅师："禅师，什么是天堂，什么是地狱。"禅师说："你一介武夫哪有资格来问我？"武士很生气，把剑拔出来，说："信不信我宰了你？"禅师微笑着对他说："这就是地狱。"武士满脸通红，知道禅师在点化自己，马上收回剑，说："对不起，禅师我错了。"禅师微微一笑，说："很好，这就是天堂。"

　　其实，对与错常常只在一念之间。我们用一颗包容之心与人相处，对方自然会受到感染，也会用包容之心对待我们，这样工作会更好做，成功也会离我们越来越近。我非常喜欢一篇名叫《匕首》的文章，在这里与大家分享。希望那些不能包容同事，不能包容领导，特别爱发脾气的人能够从中有所感悟，学会包容，最终成就自己。

　　脾气是一把匕首，这样的匕首每个人都有一把。

　　修养好的人让匕首深藏不露，除非万不得已，否则绝不亮出它。但涵养不到家者却动辄以匕首作为保护自己尊严的武器，不论大事小事，只要不合乎心愿便大发雷霆，用那把无形的匕首伤人。对家人如此，对领导如此，对下属如此，对同事也如此，一视同仁。把别人刺得遍体鳞伤，他还理直气壮地说"发脾气对我有如放爆竹，噼噼啪啪放完便没事了"。

　　没事的是他自己，别人呢？别人的感觉怎么样？他可曾想过，脾气一来，理智便去。每一句话沁在刀光剑影里，寒光逼人。

　　道行高的，也许懂得脱身之道。然而一般人却只有呆呆木立，任匕首乱刺，痛苦万状地看着心脏淌血。血流得多了，便偷偷地把自己那把匕首拿出来，悄悄地磨、狠狠地磨。磨匕首的同时也在磨勇气。匕首越磨越薄，勇气也越磨越强。

　　终于那一天来了，那个惯用匕首的人又在用他的匕首这里、那里地乱刺的时候，伺机报复的那个人呢，

静静地抿着嘴，不动声色地将那把磨得极薄、极利的
匕首取了出来，对准对方的心口，猛猛地丢了过去，
"嗖"的一声，匕首直插要害。

那个乱用匕首的人在应声倒地的一刹那才恍然大
悟："哎哟，原来别人身上也是有匕首的！"所以说呀，
各位，出匕首，能不三思乎？

读了这篇文章，让我感受很深。在工作中，同事和领导
对我们的包容与帮助是有限度的，我们不能因为别人的包容而
有恃无恐。在工作中努力控制自己的情绪，也是对自己的一种
锻炼。在经过深思之后，我总结了三句话与大家分享：

能掌握自己情绪的人，就能掌握自己的命运；

能掌握听众情绪的人，就能掌握演讲的气氛；

能掌握客户情绪的人，就能主导销售的流程。

沟通是团队的调味剂

团队成员之间的沟通通常有三大障碍：没胆、没心、没
肺。没胆指的是下属没有胆量找领导汇报工作，不敢去敲领导
办公室的门，不敢去跟领导提意见。

没心指的是领导没有心情。作为领导，对下属提的建议
总是回答"嗯好，嗯好，我知道了"。其实，这样的领导根本

没有心情接受下属的意见或建议。

没肺就是没有肺腑之言。在很多公司里，部门之间经常出现摩擦。比如行政部和财务部，财务部和营销部都认为自己很厉害，都认为自己为公司做的贡献最多。部门与部门之间是敌对的，这就不叫团队，甚至连团伙都算不上。如果部门彼此不说真话，怎么会有肺腑之言？一个公司要想成长，部门之间的沟通很重要。一个善于沟通、善于交流的团队的生产力必然会提高，组织的业绩也必然会不断提升。

人生有四难：相爱容易，相处难；相处容易，了解难；了解容易，互动难；互动容易，开口难。在一起的两个人相爱很容易，但会发现相处很难。同样的道理，两个人在一起作为同事很容易，但在一起相处久了，很难不发生矛盾。人生最可悲的是误解，人生最可爱的是了解，人生最珍贵的谅解。在企业当中，很多人喜欢搞独立，比如这几个员工一伙，那几个员工一派，这就是团伙，而不是真正的团队。

清朝有个大学士叫张英，有一天，他收到家里的一封来信，是他的侄子写来的。信上说："邻居和我们一起盖房，都想争那几尺地，你在朝里当官，要为我们做主。"

大家都知道，安徽桐城有个著名的古迹叫六尺巷，就是两家房子中间有一条窄路。这个六尺巷就与这封信有关。张英看到侄子的来信，笑了笑，写了一封回信。他侄子看完回信后满脸通红，主动退让三尺。邻居把信拿过来一看，脸也红了，也主动退了三尺。于是有了今天的六尺巷。大家肯定想知道那封信写的是什么？其实信上只有四句话："千里家书只为墙，让他三尺又何妨，万里长城今犹在，不见当年秦始皇。"

在一个团队中也要有这种谦和礼让的精神，主动退让能更好地维系彼此之间的关系。

想要在团队中做一名优秀员工，要学会多使用"请""谢谢""我先来""我的责任""那是我的错"等礼貌用语。如果遇到事情，你能主动承担责任，同事和领导就会知道你是一个有担当的人，当别人认可你之后，沟通起来也会越来越顺畅。

在培训课上，我经常让学员上台用双手给大家比划"人"字。"人"字很简单，一撇一捺就念"人"。但大部分学员站在台上给大家比划的不是"人"字，而是"入"字，因为他们没有站在对方的角度看问题。

很多人都存在遇事只考虑自己的毛病，但团队当中的沟通最重要，就是要学会站在对方的立场考虑问题。只有这样，你才会成为沟通高手，才会成为团队中最重要的那个人。

我曾经看到过一篇叫《人性如河，人生如水》的文章。这篇文章意境深远、文字优美，在此与大家分享。

人性如河，人生如水。

如果你想成为人生的常胜者，你应如水一般顺应环境。

如果你要获得良好的生存环境，你应如水一般能够包容。

如果你想要使人壮丽如虹，你应如水一般恢宏汹涌。

如果你想要获得良好的人缘，你应如水一般纯净透明。

如果你想要成为成功的舵手，你应如水一般学会载舟负重。

如果你想要了解他人知悉民声，你应如水一般滋润心灵。

如果你想要令人钦佩拥戴，你应如水一般润物无声。

如果你想要保持高雅不俗，你应如水一般冲污涤垢，时刻自省。

你是水，需要时你会滚烫沸腾；你是水，必要时你应冷静如冰。

水乃自然之源，成就万物而不争。

水是生命之根，润泽生命而无声。

人生如河，人性如水。

我们都应做一个如水一样包容万物的人，学会沟通，并在工作中为自己设定目标，努力实现自己的目标。下面是我自己的一些感悟，在此与大家分享：令你朝思暮想，而且一想到就热血沸腾的事情才叫目标。经历过冷嘲热讽，人情的冷漠，三番五次的打击，在几乎绝望的境地还在咬牙前行，那才叫信念。经历过半夜抱头痛哭，经历过内心的孤寂与寒冷，依然坚定初衷，那才叫坚强。面对诱惑毫不动心，面对打击面不改色，纵然困难重重，也要微笑前进，那才叫淡定。一起经历过风雨的洗礼，跌宕起伏，浴血奋战，荣辱与共，艰难困境依然迎难而上，创造奇迹，那才叫团队。

人在世上不会是孤立的一个人而要融入团队，只有在团队中才会发挥自己最大的光芒。因此，我们在坚定信念、设定目标之后一定要融入优秀的团队，只有这样才能发挥个人的才能，也才能实现我们更美好的理想。

PART

4

忠诚事业
——卓越员工的立命之本

很多员工喜欢抱怨，频繁换工作，对企业没有一点忠诚，结果自己一辈子一事无成。忠诚不单单是指忠于老板，更重要的是忠于自己，要对得起自己的每一份工作。如果你对自己忠诚，对同事、公司忠诚，最终最大的受益者将会是你自己。其实，忠诚的员工应该像老板一样爱公司，这样的员工为公司创造价值的同时也会收获自己的成功。

■■■■ 忠诚比学历更重要

　　李嘉诚先生曾说过："做事先做人，一个人无论成就了多大的事业，人品永远要排在第一位，而人品的第一要素就是忠诚。"也有人说："经验和智慧是金子，比金子更珍贵的则是忠诚。"从古到今，没有人喜欢不忠诚的人。皇帝需要他的子民忠诚，领导需要他的下属忠诚，妻子需要她的丈夫忠诚，丈夫也同样需要妻子的忠诚。

　　很多老板更是视忠诚为衡量员工品质的首要标准。当被问到"你认为员工最应该具备什么样的品质"时，绝大多数人会毫不犹豫地选择忠诚。那么忠诚是什么？忠诚不是让人从一而终，而是一种职业道德。

　　在职业生涯中换工作是很正常的，但流动带给我们的只是环境的变化，不变的应该是我们对于工作、对于自己的忠诚。面对诱惑，很多人都经受不住考验，从而昧着良心做事情。其实他在出卖良心的同时，也出卖了自己。

有一个人从北大博士毕业后，又到清华读了工程管理博士。按道理，这样的人应该事业有成才对，但他却被多家企业列入了黑名单，为什么呢？因为他毕业后在一家公司研发出了一项非常重要的技术，但他不满意公司的待遇，所以他靠出让这项技术换得了另外一家公司的副总职位，背叛了第一家公司。在第二家公司做了不到三年，他又带着第二家公司的机密跳槽了。

就这样，他先后背叛了好几家公司，以至于很多大公司都知道了他的品行，不再录用他。直到最后，他才发现，最受打击的原来不是这些企业，而是自己，因为他给自己贴上了一个不忠诚的标签。很多了解他品行的企业家都说："我们绝对不会录用这样的人。"

拥有出众的才华，不代表你就能获得成功。缺少了忠诚，谁也不会看上你的才华。仅仅为了个人利益就放弃忠诚，将会成为一个人职业生涯中永远抹不去的污点。这个双料博士之所以找不到工作，就是因为他缺乏对企业的忠诚。

因此，我们要牢记"忠诚胜于能力，因为忠诚本身就是一种能力"。团队的力量来自于每个人对团队的忠诚。忠诚远比学历重要。忠诚不仅是一种品德，更是一种能力，是其他所有能力的统帅和核心。如果一个人丧失了对于企业、对于自我的忠诚，那么这个人的其他能力就会失去用武之地。

■ ■ ■ ■ 忠诚的人最受欢迎

　　三国时的关羽和吕布哪个人的功夫更好一些？很多人会认为是吕布。因为大家通常会说"一吕二赵三典韦，四关五马六张飞"。意思是论武功，吕布第一，赵云第二，典韦第三，关羽排第四，马超排第五，张飞排在第六。论功夫关羽排在第四位，但是他的忠诚却是妇孺皆知的，而吕布则被张飞骂为"三姓家奴"。《三国演义》中用"人中吕布，马中赤兔"来形容吕布，可见他人很帅，功夫也好，但他为什么没获得成就呢？很大原因就是他不够忠诚。吕布为了一匹马就把自己的义父杀了，又为了貂蝉，把自己第二个义父杀了，无论什么原因，都只能说明吕布不是一个忠诚的人。

　　在《三国演义》中，有一次刘备、关羽、张飞失散了。关羽以为刘备不在了，非常痛苦。当时曹操大军已经把他们包围，让其投降。关羽对曹操约法三章：第一降汉不降曹；第二，糜夫人和甘夫人两位嫂嫂一定要按照原来的待遇对待，不能有半点怠慢；第三，一旦他知道了大哥刘备在哪里，纵然万里也要去寻他。从这件事就能看出关羽对刘备的忠诚。

曹操答应了关羽的三个要求，把他困于军营中，并且好酒、好肉地招待他。可是，关羽每天闷闷不乐，还在想着自己原来的老板刘备。

有一天，曹操送给关羽一匹赤兔马，关羽很高兴。曹操就问关羽："云长，我每天送你好吃好喝，还封你为万户侯你都不开心，为什么我送你一匹马你这么开心呢？"关羽听后说："我一旦知道大哥在哪里，这匹马只需跑一天就能让我见到我大哥了。"可想而知，曹操听后一定很生气。

总体来看，曹操对关羽还是很欣赏的。在关羽走的时候，曹操亲自相送。关羽过五关斩六将，一连杀了曹操多员大将，曹操依然没有迁怒于他，还要放他走。当关羽骑着马走进一片树林时，曹操流着泪对士兵说，把前边那片树林砍掉。别人问为什么，曹操回答说因为它挡住了自己目送关羽的视线。

吕布也曾被曹操擒过，那个时候刘备正在给曹操打工。吕布说："曹公绳子太紧了，能不能松一点。"曹操说："绑虎安得不紧。"意思就是说吕布是一只老虎，随时都可能对自己发动袭击，怎么能绑得不紧呢。吕布继续说："曹公啊，你看我的功夫天下第一，你把我放了，我为你工作，我为你去开疆拓土，绝对百战百胜。"

当时曹操应该也动心了，因为他知道吕布是人才，功夫天下第一。于是，曹操就问旁边的刘备："玄德以为如何？"刘备思考了一下说："曹公忘了丁原和董卓了吗？"曹操立刻明白了刘备的意思，说："来啊，斩！"因为曹操知道吕布连自己的义父都敢杀，更不用说对自己的老板了，所以刘备说的话就是要曹操杀了吕布。可见，吕布很大程度上死于自己的不忠诚。

在三国历史中，除了关羽，我还佩服一个人——审配。他是袁绍的重臣。袁绍被曹操打败之后逃跑，家业也不要了，城池也不要了，只为保命。但审配没跑，与城中的几千残将死守冀州城。冀州城是河北的门户，一旦冀州城被破，袁家就彻底失败了。曹操多次大军来攻，都被审配击败。

最终，审配的侄子贪图富贵，把城门打开，放曹操进来，审配被擒。因为曹操赏识审配对主公的忠诚，没有为难他，还要封他官职，但审配宁死不屈。后来曹操要杀审配时，审配说："我主公袁绍的坟墓在北方，我一定要朝着北方死去。"曹操感动于他对主公的忠诚，成全了他。

后人曾为审配作了一首诗："河北多名士，谁如审正南。命因昏主丧，心与古人参。忠直言无隐，廉能志不贪。临死犹北面，降者尽羞惭。"可见，后人很佩服那些忠于主公的人，即使他的主公并不伟大。

很多员工喜欢抱怨，频繁换工作，对企业没有一点忠诚，结果自己一辈子一事无成。忠诚不单单是指忠于老板，更重要的是忠于自己，要对得起自己的每一份工作。如果你对自己忠诚，对同事、公司忠诚，最终最大的受益者将会是你自己。其实，忠诚的员工应该像老板一样爱公司，这样的员工为公司创造价值的同时也会收获自己的成功。

　　一天，森林里的一根树枝被闪电劈了下来。这根树枝被山洪卷进了一条河里。在河的下游，树枝抓住了一棵水草爬上了岸。这时路边有个农夫看见树枝，就把树枝扛回了家。树枝很高兴，心想：说不定我会变成华丽的家具。没想到农夫把树枝直接扛到了厨房，要把它烧掉。树枝看着灶膛里熊熊燃烧的火焰害怕极了，就对农夫说："你把我烧了，煮不熟一锅粥；如果你把我留下，你会得到更多。"农夫说："那你是什么意思？"树枝说："我知道一片很大的森林，如果你把我做成斧柄再配上斧头，我会带你找到那片森林，并帮你砍柴。"农夫接受了树枝的建议，于是树枝被做成了圆滑的斧柄，又配上了斧头。然后树枝就带着农夫来到了曾经生它养它的那片森林。因为它最了解这片森林，所以每棵树都没有逃过被砍伐的命运。整片森林很快就被砍光了。

　　其实在我们的企业中每天也都在上演着这样的故事。这个寓言告诉我们：一个失去忠诚的人有多么可怕。如果不忠诚的人没有能力也就算了；一旦不忠诚的人还有能力，他将给这个企业带来无比巨大的灾难。

针对员工对企业与工作的忠诚度，我将员工总体分为四品：精品、次品、废品及毒品。

忠诚度高又很有能力的人才叫作精品人才。纵观我们身边的人，被称为精品的人通常在职场上都很成功。

有忠诚度但能力一般的员工叫次品。在企业里次品员工很多，也许我们自己就是企业中的次品员工。这些人可能对公司很忠诚，但是能力一般，如果这些人都将自己的能力提高一些，很可能会成为精品员工。

有忠诚度没有能力，即有德无才的人还可以用。没忠诚度又没有能力，这种无才无德的人就叫废品。企业不能养这样的人，他们不仅对企业没有任何贡献，反而会拖垮企业。

这种人还不是最可怕的，最可怕的是有能力没有忠诚度的人。有才无德，叫毒品。能力超强，但是没有忠诚度，就像前文提到的双料博士一样。这种有能力的人却没有将能力发挥到正确的事情上，就可以称其为"毒品员工"。企业里千万不能有这种人，这种人的危害是最大的。

▪ ▪ ▪ ▪ 忠于企业亦是忠于自己

　　企业在遇到困难时，才是真正考验员工忠诚度的时候。忠诚的核心是与企业共命运，百分百地相信企业，百分百地相信老板，百分百地相信自己。我经常对学员说，白天在公司里上班，下班却说老板和公司不好的人，就是在出卖自己的良心和灵魂。这样的人一方面领着公司发放的收入，获得老板提供的平台，另一方面却说着很多负面的话，难道这不是在出卖自己的良心吗？

　　七八年前和我一起打工的一个朋友就是个爱抱怨的人，每天都会抱怨同事，抱怨老板。他在每家公司工作时间都没有超过三个月。前不久，我听说他还在换工作。七八年前，我们在一家公司打工，七八年后，他还在继续找工作，而我已经创立了自己的公司。我不是在炫耀自己的成就，只是在说明人与人的起点可能一样，但终点未必相同。决定我成功的因素很多，但我认为忠诚是其中最重要的因素。在工作中，我一直相信对工作忠诚、对老板忠诚，就是对自己忠诚。

　　我不仅这样要求自己，在招聘员工的时候，也把忠诚度作为重要的考核标准之一。我常对公司的人力资源总监说："我们公司招员工，能力放在最后，学历也放在后边，重要的是这个人的态度和他的忠诚度。"在我的公司，如果发现谁不孝顺父母，那我坚决不再任用他。因为一个对父母都不忠诚的人，我不相信他能对客户忠诚，能对公司忠诚。

　　有些学员问我，如果要保持对企业对老板的忠诚，就不能跳槽了吗？我的回答当然是否定的。我对很多人讲过跳槽的艺术，什么叫跳槽？向上走才叫跳槽。你在这家公司是总监，到另一家公司成为总经理，待遇提升了，职位提升了，能力提升了，这才叫跳槽。如果你在这家公司是总监，到了另外一家公司还是总监，能力、待遇都一样，那不叫跳槽，应该叫"跳灶"，只是换了一个锅吃饭而已。最可怕的还不是"跳灶"，因为"跳灶"是平级跳，最可怕的是往下跳，我将其叫作"跳楼"。比如，在这里你是总监，到另外一家公司是普通业务员。待遇低了，自身价值无法实现，这叫向下跳，也就是"跳楼"。

　　我一直认为年轻人不要轻易离开公司，否则你还将一切从零开始做起。俗话说"隔行如隔山"，你在这家公司里待了一年也好，两年也罢，你的客户在累积，你的能力在累积，你的经验也在累积；一旦离开这家公司，所有的累积立刻变成零。你换了一个行业，换了一家公司，一切还得从零开始。没有了原来的平台，你也很难施展才华，这是让人很痛苦的一件事情。

2008 年北京奥运会上有一名来自伊拉克的运动员，她穿的衣服是别人穿剩下的，她穿的鞋也是别人不要的，也不合脚。她就是伊拉克的短跑运动员达娜·侯赛因。她曾对记者说："我在伊拉克训练的时候，每天有子弹从我身边呼啸而过。我来到北京参加奥运会，别说我能不能拿奖牌，我能活着来到北京，就是我最大的成功了。我有一个美好的梦想，我要通过体育重新振兴我的国家，希望能让国民重新团结起来。"

2008年，中国体育健儿在北京奥运会上摘金夺银，让更多人了解了中国。但是我们永远不要忘记，这是背后有中国这个强大的国家做后盾的结果。很多运动员在获得金牌后，都会感谢教练，感谢团队，更感恩祖国对自己的培养，这些都是其忠于国家，忠于人民的最好体现。因为不是每个人都有一个强大的后盾作为支柱。那个美丽的伊拉克女孩就没有这个支柱。她的愿望是国民团结、国家和平，而在我们看来这是一件最容易的事情，所以在获得成功时，我们要心存感恩，感恩帮助过我们的人，感恩我们的国家。

我常把企业比作一条船，在这条船上的员工不是乘客而是主人。如果员工是乘客，这条船一旦出现事故，他做的第一件事就是找救生圈，逃生是他最关心的事。如果员工是船的主人，那么，他就会想着如何保住这条船，克服困难度过危机。我们都看过电影《泰坦尼克号》，"泰坦尼克号"轮船出现危机时，船长做完了力所能及的救援以后，回到他的办公室，整理好自己的制服，与那些誓死坚守在自己岗位的船员一起安静地等待与"泰坦尼克号"轮船同生死，共命运。

在企业这条船上，员工就是船长，就是船员。老板跟员工在一条船上，方向是一致的，目标是一致的。这是你的船，也是我的船，我们都不要做伤害这条船的事，对这条船忠诚也就是忠诚于我们自己。

▪▪▪▪▪ 忠诚才更有前程

电影《忠犬八公》感动了很多人。八公是一条可爱的小狗，它每天都要去火车站等主人，这成了它的习惯。有一天主人在外地去世了，但它依然来到火车站等，而且一等就是十几年。我们中国人有一句俗话叫"儿不嫌母丑，狗不嫌家贫"，体现了中国人崇尚忠诚的观念。

当年，在美国标准石油公司里有一个小职员叫阿基勃特，他每次出差住旅店的时候，都要在收据的下方写上一句话"每桶4美元的标准石油"。他到饭店去吃饭，结账时也会给老板一张名片，上面依然写着"每桶4美元的标准石油"。他这样做是想给企业做宣传，后来同事给他起了个外号，叫"每桶4美元"，他的真名倒没人记得了。公司的董事长洛克菲勒听说了这件事说"竟然有员工如此宣传公司,我一定要见见这位员工"。晚上他和阿基勃特共进了晚餐。当洛克菲勒卸任时,阿基勃特成为美国标准石油公司的第二任董事长……

这个故事让我们知道是忠诚成就了阿基勃特,忠诚为他赢得了成功。老板喜欢有能力的人,但是老板更喜欢忠诚的人。超越平庸,选择完美,我们每个人必须要有责任感和使命感,而责任感和使命感的前提就是忠诚。

我公司的一个总监翟青松,也是公司重点培养的一个人才。来到我的公司是他人生当中的第二份工作,第一份工作他做了12年。一开始他在临清市的一个饭店做洗碗工,每月只有260元的工资。

后来,饭店经营不善,要换老板。因为新老板总会带来很多自己人,所以,换老板就意味着要换掉很多员工。令人没有想到的是,原来的老板对新老板说:"我这些员工你都可以让他们走,但是有一个员工你必须留着,因为他太优秀了,他的名字叫翟青松。"于是,新老板接受了原老板的建议,翟青松继续在这家饭店工作。他从一个洗碗工成为餐厅的厨师助理,到后来做了厨师，再后来成为大堂经理。

经过几年的经营，饭店的股东闹了矛盾，平均每两年换一个老板，但翟青松一直在那里工作。直到我认识了他，聘请他到我的公司做总监才结束了他十几年的饭店工作生涯。

临清市是一个只有80万人口的县级市，但他那时的工资甚至比市长的工资都高。被我请来之前，那个老板还极力地挽留他。他最擅长的就是讲忠诚度的课程，因为他自己亲身做到了，他就有资格与他人分享这个主题。

一个有忠诚度的人，不管能力如何，一定是受企业欢迎的人，一定是每一个组织、每一个企业争相聘用的人才。

老板和员工都在公司这个平台上生存，只是分工不同，所以我们要对老板忠诚。但我们更要忠诚于同事，我们和同事每天至少在一起工作8个小时，甚至超过了我们与亲人在一起的时间。很多员工都远离家乡，可能只有过年的时候才回家，有些人甚至过年都不回家，所以很多时候同事就是我们的亲人，就是我们的依靠。

只有同心协力，才能体现双方存在的价值；只有忠诚于我们的职业，才能忠诚于我们自己。只有努力工作，让人生的每一分钟都创造价值，让每一天都绽放精彩，才能让自己在工作中获得回报。只有忠于企业，忠于同事，才能让自己成为一个受欢迎的人，才能成为一个对社会有用的人。所以忠诚可以让自己的职业、品牌，更具含金量，可以让自己的远景更加辉煌。

最后，我想以自己写的一段文字来结束我对忠诚的分享：

公司就是一条航行在惊涛骇浪的船，老板是船长，员工是水手。一旦上了这条船，员工的命运就和老板拴在了一起。

老板和员工有着共同的前进方向，有着共同的目的地，船的命运就是所有人的命运。不管你的岗位是什么，你都必须和其他船员同舟共济，乘风破浪，驶向共同的彼岸。

老板承受着公司生存以及全员发展的压力，员工承受着局部压力。员工要和老板同舟共济，尽职尽责地完成本职工作，让这条船驶向成功的港湾。因为这是老板的船，也是员工的船。

PART

5

恪尽职守
——承担责任与使命

一个人的成熟，不在于他的年龄，而在于他的经历，在于他敢于承担责任。一个成功的老板对员工就像是对自己的家人一样亲切、负责。在这样的老板心中，员工就是自己的兄弟姐妹，自己有责任将企业发展好，让员工工作和生活得更好。

■■■■■ 企业兴亡，人人有责

有人认为公司的好坏与自己无关，大不了再换一家，反正有那么多家公司也不愁找不到工作。我们观察一下就会发现，有这种想法的人通常只是公司的普通员工，没有多大作为。其实，一个公司的兴亡关乎每个人的生存。公司就像一个大家庭，家不存在了，家庭成员的日子注定不好过。如果你放弃了这个家，别的家也不会真正接纳你，那么你就只能做一个无家可归的人。

我经常对员工说，公司的成功是大家的功劳，每个人都是公司的主人，只是分工不同。我们要时刻警惕自己身上的坏毛病，一旦发现，就要及时改正，努力使自己进步就是为公司这个大家庭做贡献。所以，我为表现较差的员工总结了七个方面的错误，以此帮助他们发现问题、解决问题：

第一，不负责任；第二，爱找借口；第三，消极怠工；第四，应付了事；第五，轻率疏忽；第六，做事虎头蛇尾；第七，遇事拖延。

在工作中，我经常在这些方面对表现较差的员工进行培训，帮助他们改掉自己的坏毛病。其中责任感是我着重培训的一个方面。

对于"责任"这个话题，不仅中国的公司特别重视，国外的公司也特别重视。在巴西海顺远洋运输公司门前立着一块高5米、宽2米的石头，上面密密麻麻地刻满了葡萄牙语。这些文字讲述了一个关于责任的故事。

当巴西海顺远洋运输公司派出的救援船到达出事地点时，"环大西洋"号海轮消失了，21名船员不见了，海面上只有一个救生电台在有节奏地发着求救的摩斯码。救援人员看着平静的大海发呆，谁也想不明白在这个海况极好的地方到底发生了什么，从而导致这条设备最先进的船沉没了。

这时，有人发现电台下面绑着一个密闭的瓶子，打开瓶子，里面有一张纸条，上面用19种笔迹写着：

一水理查德：3月21日，我在奥克兰港私自买了一个台灯，想给妻子写信时照明用。

二副瑟曼：我看着理查德拿着台灯回船，说了句"这个台灯底座轻，船晃时别让它倒下来"，但没有干涉。

三副帕蒂：3月21日船离港，我发现救生筏施放器有问题，就将救生筏绑在架子上。

二管轮安特耳：我检查消防设施时，发现水手区的消防栓锈蚀，心想还有几天就到码头了，到时候再换也来得及。

船长麦凯姆：起航时工作繁忙，没有看甲板部和轮机部的安全检查报告。

机匠丹尼尔：3月23日上午，理查德和苏勒房间的消防探头连续报警。我和瓦尔特进去后，未发现火苗，判定探头误报警，拆掉探头交给惠特曼，要求换新的。

机匠瓦尔特：我就是瓦尔特。

大管轮惠特曼：我说正忙着，等一会儿拿给你们。

服务生斯科尼：3月23日13点到理查德房间找他，他不在，我坐了一会儿，随手开了他的台灯。

大副克姆普：3月23日13点半，带苏勒和罗伯特进行安全巡视，没有进理查德和苏勒的房间，说了句"你们的房间自己进去看看"。

一水苏勒：我笑了笑，也没有进房间，跟在克姆普后面。

机电长科恩：3月23日14点我发现跳闸了，因为以前也出现过这种现象，就没多想，将闸合上，没有查明原因。

三管轮马辛：感到空气不好，先打电话到厨房，证明没有问题后，又让机舱打开通风阀。

大厨史若：我接马辛电话时，开玩笑说："我们在这里有什么问题？你还不来帮我们做饭？"然后又问乌苏拉："我们这里都安全吧？"

二厨乌苏拉：我回答"我也感觉空气不好，但觉得我们这里很安全"，就继续做饭。

机匠努波：我接到马辛电话后，打开通风阀。

管事戴思蒙：14点半，我召集所有不在岗位的人到厨房帮忙做饭，晚上会餐。

医生莫里斯：我没有巡诊。

电工荷尔因：晚上我值班时跑进了餐厅。

最后是船长麦凯姆写的话：19点半发现火灾时，理查德和苏勒的房间已经烧穿，一切糟糕透了，我们没有办法控制火情，而且火越来越大，直到整条船上都是火。我们每个人都犯了一点错误，酿成了船毁人亡的大错。

看完这张绝笔纸条，救援人员谁也没说话，海面上死一样的寂静，大家仿佛清晰地看到了事故的整个过程。

每个人都只错了一点点，就酿成了这场灾难。如果每个人都能坚守自己的岗位，对自己负责的工作进行复命，就一定能制止事故的发生。

通过这个案例，我相信大家一定有很多感悟，正是因为每个人都犯了一点点小错误，最后酿成了船毁人亡的大错。其实我们企业中也经常发生这样的事情：由于我们在工作当中的小失误，给企业带来了巨大的损失。

明末清初著名的思想家顾炎武先生曾说过"天下兴亡，匹夫有责"。在职场中，我们要倡导"企业兴亡，匹夫有责"。有的学员曾对我说："领导一有事就找我，有时候自己没时间也要硬着头皮为领导做事情。"我认为这倒是一种好现象。当领导有事找你的时候，就代表他很需要你的帮助。当所有人有事都来找你的时候，就说明你还有价值，找你帮忙的人越多，就说明你的价值越大；当没有人找你帮忙的时候，你也就离被淘汰不远了。

■ ■ ■ ■ ■ 像老板一样对企业和家庭负责

我在特训营中会把学员分为若干独立的团队，得分最低的团队将会"破产"。有一次，一个团队不努力，分数很低。在"破产"的时候要惩罚这个队的入队助教，男助教做120个俯卧撑，女助教要做60个仰卧起坐。当我们的助教老师在台上接受惩罚的时候，那个团队中的所有企业家都流下了眼泪。我的学生班也是一样：孩子犯了错误，父母要接受惩罚；员工做错了，领导就要承担责任，接受惩罚。我希望用这种方法让学员明白，自己的行为不负责任，会牵连到身边的人。只有自己负起责任，才会使大家更好。

对企业的责任

在学员接受完惩罚之后，我通常会给学员讲一个真实的故事，希望他们能从中体会到责任的含义。

在河南省有一个生产锅炉的企业,快过年的时候,老板已经准备好了工资和奖金。在离放假还有半个月之时,老板有事要出国一段时间,于是他把所有工人叫到一起开会:"各位兄弟,你们都努力工作了一年,我把你们该得的工资、奖金都准备好了。大家一定要安全操作,规范生产,上班期间不允许喝酒。我出国一段时间,等回来以后我们就发工资、放假。"

开完会后,老板就去国外办事了。有两个工人一看老板走了,就开始放松工作。他们每人喝了两斤白酒,一直睡到了深夜两点才醒来。他们醒来之后发现锅炉通红,里面已经没有水了,于是急忙向锅炉里注入凉水。只听锅炉"嘭"的一声炸了,两层楼轰然倒塌,两个工人一死一伤。死的那个工人需要巨额的赔偿费用,亲戚都来企业闹事。伤的那个人被送到医院抢救,生死不明,也需要巨额的医药费用。

老板听说了这件事后立刻从国外赶回来,准备发给大家的工资和奖金加起来还不够这两个人的赔偿、救治费用。老板既要安抚死亡工人的家属,还要照顾医院里面正在抢救的工人。其实,按规定上班期间员工违规操作造成伤亡,工厂不负责赔偿,但老板还是默默承担着一切。需要钱,他就去借钱,可是别人都知道他的企业出事了，没有一个人愿意借给他钱，因为很有可能由于这件事，他的企业就不存在了。

当他疲惫地走进一家企业的时候，这家企业的领导对他说："你的企业是因为员工喝酒发生的事故，今天我也要考验考验你，这里有一斤白酒，你要能把它一口气喝完，我就考虑借钱给你。"老板听后二话没说，拿起酒瓶一口气喝完，喝完不到一分钟就昏倒在地，醒来时已是三天以后了。他醒后第一句话就是抓住办公室主任的手说："老王，钱借到了吗？发给员工了吗？员工现在怎么样了？"

其实，企业里的很多员工在领导面前都会做一个好员工，可一旦发现领导不在后就会原形毕露。什么样的员工才叫好员工？我在培训时常说，好员工至少要做到领导在与不在都一样好好工作。

其实，在员工陪老婆、孩子看电视的时候，很多企业的好老板却在为公司的前途忙碌着。当员工休息的时候，他们在考虑下个月的工作计划，考虑明年的工作方案，考虑如何才能让员工获得更多的收入。

在职场中，最操心的可能就是老板。大家只看到老板风光的一面，却不知道老板有多辛苦。一个负责任的老板从组建公司的那一刻起，就把自己交给了公司。而有些员工看见老板在时就认真工作，老板不在时就开始放松，不按规定办事，投机取巧。其实，一个好员工就应该像老板那样对企业负责，当你把自己看作企业的主人，你就会为它的发展而担忧，为它的壮大而努力。

对家庭的责任

一个人的成熟，不在于他的年龄，而在于他的经历，在于他敢于承担责任。一个成功的老板对员工就像是对自己的家人一样亲切、负责。在这样的老板心中，员工就是自己的兄弟姐妹，自己有责任将企业发展好，让员工工作和生活得更好。反观我们自己，我们对待工作时，常常不认真，不专心，那我们对家庭又是否有责任心呢？

一个人欠了一屁股债，感觉压力很大，他觉得活在这个世界上已经没什么意思了，于是想到了自杀。他来到楼顶时恍惚间看到了一个天使。天使说："你要做什么？"他说："我没有勇气活在这个世界上。"天使说："可以，你可以自杀，你可以不负责任。我带着你走一圈，走完以后你再考虑是否还要自杀。"

天使带他到了一个地方，他发现一位穿着破烂的老太太正在捡垃圾。这个人就说："哎呀，这位老太太真辛苦，她没有子女吗？她这么大年纪了还在捡垃圾。"天使接着说："那我们走近看一下。"当他们走近的时候，这个人很吃惊地问："怎么会这样？"因为他看见这位老太太就是自己的母亲。天使说："你死了以后，你的妈妈每天以泪洗面，由于没有经济来源，你妈妈的生存状况就是这样。"他很后悔，说："我决定不自杀了，我要好好活下去，不光为我自己，更是为我的妈妈。"天使说："我们还要继续向前走，还要继续看看。"

走了一段时间，他们又发现一个中年妇女背上背着一个孩子，身边领着一个孩子，正在卖早餐。只有她一个人，而且里面的客人叫喊着让她拿餐巾纸，又有人让她去打扫卫生。中年妇女应了一声，偷偷地扭过头，擦着自己的泪水。这个人说："这个女人真辛苦，还带着孩子，她怎么不请几个人帮忙啊？她为什么一个人支撑这么大的摊子呢？"天使说："那我们就走近看一下吧。"走近后，这个男人才发现中年妇女就是他的妻子。他说："我的妻子很美丽，怎么会是现在这样？"天使说："你走了以后，家里没有了经济来源，而且你的第二个孩子刚出生，你的妻子只能这样辛苦工作才能养活两个孩子，照顾自己的婆婆。"这时候男人说："我再也不自杀了，让我回去，让我去承担一个男人的责任。"

每次在培训课上讲起这个故事，都会有学员想到自己的事情并发表感想。作为一个男人最起码要保护好四样东西：脚下的土地、家里的父母、自己的妻子和身边的兄弟。马克思说过"世界上许多事情你必须得做，但不一定是你喜欢的，这就是责任的含义"。一个缺乏责任感的民族是不可靠的民族；一个缺乏责任感的组织是没有前途的组织；一个缺乏责任感的人是不可信任的人。

在浙江湖州双林镇有一个三口之家，妈妈从事缝纫工作。她有一个梦想，就是在当地买一套房子。她说这个梦想如果实现了该多么美好。经过几年的辛勤努力，他们终于在当地买了一套房子，一家三口住了进去。但住进去不到两个月，这位母亲突然感觉身体不适，便去医院检查。检查出的结果令全家震惊，她得了尿毒症，而且是晚期。如果不及时换肾，生命只剩 6 个月的时间。在这个时候，她身边的两个男人却做出了完全不同的选择。一个是她最爱的老公，她把自己的一辈子都交给了这个男人，但这个男人选择了离家出走。在她最需要老公关爱和照顾的时候，这个男人选择了逃避。另一个是她的儿子，叫刘霆，当时只有 14 岁，他的选择是背着妈妈上学。他把房子卖了，给妈妈治病。但钱很快就花光了，他们母子俩就在学校旁边租了一个极为廉价的房子一起生活。每天早上，14岁的刘霆要给妈妈做饭，伺候完妈妈之后再去学校。晚上回来他还要给妈妈做饭、揉脚、按摩，去大排档打工，直到深夜两三点钟才回来。

就这样过了几个月，医生再一次找到这位妈妈告诉她再不换肾，生命就只剩两个月了。家里没有钱，14岁的刘霆又做了一个决定，他要把自己的肾捐给母亲，这把所有的人都惊呆了。妈妈伤心地哭了，说："你才14岁，你未来的路还很长，我活在这个世界上已经够痛苦了，我不能再成为你的负担。"

14岁的刘霆就在旁边静静地流着眼泪，对妈妈说："妈妈，有你在我就有家，你没有了我就彻底没有家了，我的生命都是你给的，我给你一个肾又有什么不可以？"

我经常对学员说，一个人的成熟不在于年龄，而在于他敢于承担责任。现在的孩子普遍没有责任心，为什么没有责任心？是孩子的问题吗？我认为这绝不仅仅是孩子的问题，更多的是父母的问题。我小的时候摔倒了，妈妈总会说："你是男子汉，自己站起来，男子汉流血不流泪。"我发现自己哭也没用，爸妈还是不理我，所以第二次摔倒了也不会哭得那么厉害。而现在父母怎么教育孩子呢？孩子摔倒了，爷爷、奶

奶、爸爸、妈妈都跑到孩子身边说："我打这个地,谁让它摔到我的宝贝!"难道这是正确的教育方式吗?我认为无知的爱就是一种伤害,孩子就会认为自己摔倒了不是自己的问题,而是地的问题。因为孩子的世界里没有对和错,这么教育孩子,孩子就会认为自己是对的,所以孩子就会慢慢形成"自己永远没有错误"的观念,也不会为自己的错误承担责任。

如果全天下的父母都需要持证才能上岗的话,我想大概100%的父母是无证经营。在我小的时候,爸妈经常对我说:"儿子,爸妈没本事,一切都得靠你自己。"父母的话告诉我凡事都要靠自己,这也让我从小知道了至少要对自己负责。小的时候,我早上起床睁开眼睛,发现爸妈已经上班去了,我走进厨房发现锅是凉的,馒头也是凉的。我要自己做饭,然后再去上学。晚上回到家,爸妈还没回来,我走进厨房锅是凉的,馒头也是凉的,我又要自己做饭。爸妈每天晚上很晚回家,所以我要准备三个人的晚饭。现在想来,我认为正是这样的童年使我学会了独立,学会了承担责任,对自己和家人负责。

在很多演讲课上,我也建议家长一定要孩子做适当的家务,这也是让他们从小学会承担责任的开始。教育孩子是一件大事,把孩子教育成才更是一项工程。

■ ■ ■ ■ ■ 对工作和国家负责是我们的使命

马克思曾说："劳动是人类的第一需要，任何一个民族，如果停止了劳动，不用说一年，就是几个星期也要灭亡。"从这句话中我们可以感悟到工作对我们每一个人是多么重要。在培训课上，我经常把对工作的责任和对国家的责任放到一起来讲。因为我认为工作是人类的第一需要，是我们对社会的一种责任，更是我们对国家的一种使命。我们每个人都把自己的工作做好，也是为国家的发展壮大贡献了自己的力量。

对工作的责任

2006年9月1日，《鲁中晨报》刊登了一篇名为《远方的来信》的文章，文章的大致内容是：1919年，德国人在山东淄博修建铁路时建了一批房子，后来德国人陆续回国了。时隔多年之后，这批房子现在的单位是淄博市第八人民医院。信中说，房子建于1919年，距离2006年已有87年了，德国房子的寿命是70年，所以现在这些房子属于危房，来信主要是提醒使用房子的人注意安全。

这篇文章一经刊登就引起了社会的广泛关注，文章中的"建筑浪费"和"质量意识"两个关键词尤为引人深思。

第一个关键词是"建筑浪费"。我们国家就像一个大工地，拆了又建，建了又拆。中国建筑的平均寿命不到30年，远远低于国家的强制标准，也就是说，我国存在着巨大的建筑浪费。

第二个关键词就是德国人的"质量意识"。德国是世界机械制造大国，汽车品牌中的奔驰、宝马、奥迪、大众、保时捷名牌汽车都来自德国。凡是去过德国的人都为德国人的细心、认真、负责所折服。从这篇报道中，我们看到了德国人对于工作的责任感，就算事隔多年，远隔万里，也要对自己的工作负责。如果我们的员工对自己的工作也能和德国人一样，我们的企业也一定可以发展壮大。

谈到对工作的负责，中国海尔集团也是一家具有表率作用的企业。当年海尔集团董事局主席张瑞敏因为质量问题砸掉了76台海尔冰箱。因为在他的心中质量就是信誉，质量就是企业生存的根本。正是张瑞敏多年的责任意识使得海尔员工深深领悟到自己对企业的责任。

张瑞敏曾对员工说："只要有缺陷的产品就是废品。对于一个生产型的企业来说，最大的成本就是制造了不合格的产品。"不合格的产品是员工造出来的，所以没有不合格的产品，只有不合格的员工。想让产品都合格，首先员工要对工作负责，使自己成为一个合格的员工。对工作负责，生产出优质的产品，也就是为社会服务，对社会负责。

2013年的5月29日，一个名叫吴斌的司机在驾驶长运集团的客车从无锡返回杭州的途中，突然飞出的一块铁块儿击中了车前的挡风玻璃，刺伤了吴斌的腹部和手臂。在这危急关头，吴斌忍着剧痛，缓缓地把车停好，打开双闪灯，然后又以惊人的毅力站了起来，通知车上的24名旅客注意安全。然后打开车门，成功地挽救了全车旅客的生命。当他做完这一系列动作之后，瘫坐在驾驶座位上。在被送到医院后吴斌因抢救无效于6月1日深夜去世。

在吴斌遇到突发事件时，他没有在第一时间为自己拨打120求救，而是把时间留给了大家。在他生命遇到危险的时候，他没有考虑自己，而是想着车上24名旅客的生命安全，这就是责任，这就是他崇高的职业道德。

其实，我们在生活中每天都要面临这样的事情。几年前，如果路边一位老人家摔倒了，我们根本不用做任何考虑，都会跑过去把老人家扶起来。但现在还有人扶吗？其实，这一结果是社会责任缺失造成的。这样的事情频频见诸报端才是我们最大的悲哀。

19世纪末20世纪初，有一个美国人叫弗兰克，他用自己的一点积蓄开办了一家私人银行。经过艰苦的努力，银行经营得很好，但后来一件事情彻底改变了他的命运，他的银行遭人抢劫，钱全被抢走了，储户失去了存款。当他带着妻子和4个儿女决定偿还那笔天文数字的时候，他的朋友劝他：法律没有要求他必须偿还这笔钱。但弗兰克却说："在法律上我不用偿还这笔钱，因为这不是我的责任，但是在道义上我觉得我有责任，我应该偿还这笔钱。"

偿还的代价就是他过了30年的艰苦生活。30年后，当寄出最后一笔欠款时，他轻叹了一口气，说："我现在终于是无债一身轻了。"他用几乎一生的辛酸和汗水完成了自己的责任，也给世界留下了一笔真正的财富。正如英国前首相丘吉尔所说，"高尚、伟人的代价就是责任"。

"高尚、伟大的代价就是责任"，而在物欲横流的今天，责任心反而变成了最稀缺的资源。只要你能对家庭，对社会，对企业多一点责任心，那么你就会慢慢地使自己有所改变，并逐渐成为企业、社会中最受欢迎的人。

对国家的责任

我们出生在太平盛世，享受美好的阳光，首先要学会感恩，感恩国家的强大。当我们走出国门，看到鲜艳的五星红旗迎风飘扬时，我们会有一种发自内心的自豪感。

在某届奥运会上有一名叫艾克瓦里的坦桑尼亚马拉松运动员。当他吃力地跑完全程的时候，这场比赛的优胜者早已产生。虽然，他在这次比赛中双腿受了伤，但他依然跑完了全程。

就在这个时候，国际知名的奥运会纪录片制片人格林斯潘远远地看到了这一切，并好奇地走过去问艾克瓦里："你为什么要这么努力地跑到终点？"艾克瓦里说："我的国家不远万里地把我送到这里，不是叫我在比赛中弃跑的，而是派我来完成比赛的，不管结果如何，我一定要跑完。"

听了艾克瓦里的话，格林斯潘热泪盈眶。后来，

他用镜头将奥运史上这最感人的一幕传递到了世界的
每一个角落。

我深深地为艾克瓦里感动了，他的精神正是我们需要的
民族责任感。在培训中，我经常把这个故事讲给学员听，以唤
醒他们的社会责任感和民族责任感。

如果员工提高了自己对工作和国家的责任感，他不可能
令老板厌烦，更不会成为不受欢迎的人。所以，员工在提高自
身技能的同时，也要提高自己的责任意识。这样努力下去，普
通人也可以成为卓越的人才。

在本项修炼将要结束的时候，我将卓越人才应具备的素
质做如下总结，在此分享给大家：要成为卓越人才就要忍得
住孤独，耐得住寂寞，顶得住压力，挡得住诱惑，受得起打
击，丢得起面子，担得起责任。而卓越人才的根本是源于他对
自己、对家庭、对企业、对社会的责任。

PART

6

复命精神
——打造以成果为导向的执行模式

如果员工向老板汇报工作，只提出问题不带答案，这就是在抱怨，在发牢骚，没有达到复命的要求，而抱怨和发牢骚都是无能的表现。李嘉诚曾说："请记住给你的上级做选择题，什么叫选择题，不是问你的领导该怎么办？而是给你的领导说出三种以上的解决方法，看领导认为哪个更合适，这才叫合格的员工。"

■ ■ ■ ■ 没有执行力就没有竞争力

无论是培训员工还是教育孩子，我们都在讲执行，那究竟什么是执行，我们又如何能更好地执行呢？我们先来了解一下缺乏执行力有什么具体表现。

第一种，凡事差不多就行了；

第二种，对于领导交代的任务总是推托；

第三种，被领导追着要结果；

第四种，总是在最后时刻才把事情做完；

第五种，总为失败找各种自认为合理的理由。

在给学员讲课的过程中，我发现了一个现象：在很多企业里，无论是管人的老板还是被管的员工都很郁闷。在老板看来，自己很孤独，没人能理解他们的想法；中层领导很盲目，不知道自己的想法，又不受下属的欢迎；基层员工很麻木，每天只是做着机械性的工作。在员工看来，自己在企业里面很无力，领导提的要求很难达到；中层领导很无助，一会儿老板过来批评一下工作，一会儿又有员工不好好做事；老板神龙见首不见尾，自己根本和老板沟通不上。因此，很多老板和员工都很郁闷，不知道问题到底出在哪里。

海尔集团的张瑞敏曾给自己的员工讲过这样一个故事：如果你在日本开餐厅，聘请日本人为你工作，你会发现他干活非常认真，非常负责任。你给他安排任务说："每天的桌子要擦六次。"你大可放心，半年以后检查他的工作，他每天还会擦六次桌子。但如果让一个中国员工擦六次桌子，不用半年，两个月以后他就不这么做了——他可能擦五次，甚至只擦一次。他会想一次就能擦干净，为什么还要擦两次！我们中国人的脑子总是在天天考虑为什么的问题，而日本人则是把服从命令当作一种天职，所以日本人的执行能力一直很强。这也许正是日本很多公司发展得很好的原因吧。

虽然在民族情感上我们对日本有些看法，但单就工作来说，日本人的工作状态很值得我们学习。在很多企业里，中国员工没有日本员工的业绩好，因为中国员工中有太多的"差不多先生"，骨子里缺乏复命精神。

在与日本企业的沟通中，我总结出了日本员工在执行方面的五个准则：

第一，领导的安排无条件服从；

第二，岗位职责无条件履行；

第三，必须完成当日工作；

第四，工作中的任何错误首先承认是自己的失误；

第五，公司的制度就是自己的信条。

每家企业里都在做两件事：一个是战略，一个是执行。如果企业只有战略，没有执行，那么这家企业虽然有了方向，却没有动力前行。如果一家企业只有执行，没有战略，那么这家企业很有动力，却没有前进的方向，一样很危险。其实，战略就像是一个汽车的方向盘，而执行就是汽油。

在企业中，老板是做决策的，员工是做执行的，但很多企业还是出现了管理问题。原因就在于很多老板在公司里既抓管理，又抓执行，把原本总经理该做的事情都做了。每次课程结束后，我会和学员交换名片。有些名片我一看就看出了问题：名片上写着"董事长兼总经理"，董事长是负责公司决策的，总经理应该负责公司的日常运行工作。一个人的精力是有限的，董事长兼总经理是一个人做两个人的事情，难免有力不从心的时候。当出现这种问题的时候，公司的日常运转很可能已经出了问题。

很多老板把总经理的活给干了，这就是现在很多企业执行不利的重要原因。因为老板为太多的事操心，总经理一看，老板把自己的活给干了，自己也不能闲着，于是就去跑市场，结果又把销售总监的活给干了。销售总监一看总经理把自己的活给干了，自己也不能闲着，于是把员工的活给干了。结果员工天天没什么事干，天天喝着茶水说着老板的各种坏话。

老板要对员工有正确认知，对各个职能有明确的分工，将执行力发挥到最完美的程度。什么叫员工？员工就是做好某件事情的人；什么叫主管？主管就是教会别人做好某件事情的人；什么叫总经理？总经理就是管理好主管的人。所以，千万不能出现管理错乱的问题，否则，企业的执行力无论怎样也不会做到位。

此外，在企业的日常管理中，上下级必须遵守以下六大准则。

第一，上级为下级服务，下级对上级负责；

第二，出现问题上级承担责任；

第三，上级可越级检查，下级不可以越级请示；

第四，上级不可以越级指挥，下级可以越级投诉；

第五，上级关心下级，下级服从上级；

第六，上级评议下级，下级评议上级。

如果你对这六大准则有清醒的认识，在工作中以此来约束自己的言行，做事时仔细考虑其中的关系并认真执行，我想你一定能更好地完成上司交办的任务。以上是企业里关于上下级间对于执行力的处事准则，下面我们来分析一下企业缺乏执行力会导致什么后果。

很多人都用过诺基亚的手机，从 1996 年到 2007 年，诺基亚连续多年占据了全球很高的市场份额，几乎每个人都用过诺基亚手机。但是，2007 年有个叫乔布斯的人发明了一款智能手机。这款手机一经面市，诺基亚手机在全球的销量就开始极速下滑。2013年的9月3日，微软宣布以72亿美金收购了诺基亚。

诺基亚从此不复存在，这个曾经占领全球很大市场份额的公司就这样退出了历史的舞台。难道它缺少资金吗？缺少人才吗？缺少技术吗？我认为都不是，它唯一缺乏的就是执行力，是产品更新的速度跟不上时代的潮流。

知名品牌柯达的破产也令世人震惊。柯达一直是相机业的老大，那时大家用的胶卷几乎都是柯达公司生产的。那些年柯达平均每年的营业额都高达几百亿美元，甚至近千亿美元。结果，这么有财力的公司还是破产了。我们不难发现其破产的原因：随着技术的不断发展，数码技术代替了原来的胶卷相机。只需一个内存卡，就可以储存几千张照片，而且永远不会丢失，永远不会褪色，想什么时候冲洗就什么时候冲洗。

技术的落后并不是柯达破产的关键。早在20世纪70年代，柯达公司就研发出了数码技术，可是当时胶卷的利润太高了，柯达公司不忍心看着美味的蛋糕不吃。最终，柯达没有执行数码技术，错过了发展的最好时机，结果就是被时代淘汰，被迫破产。当柯达幡然醒悟的时候为时已晚。

时代的发展速度是惊人的，所以每家公司都要在执行力上下功夫。没有执行力的公司就没有生产的动力，就像一辆没有油的汽车永远也无法行驶一样。也许中国移动、电信和联通都没有想到，微信也会成为自己的竞争对手。以前大家发短信联系，让这几家公司赚了不少银子。但微信使沟通更便捷，最主要的是不再收费。也许在不久的将来互通电话也会免费，手机也可能免费。实现这一切的关键是谁的执行力更强，谁更能抓住客户体验，谁就能占领整个市场。由此可见，每家企业的老板，甚至我们每个人都要有危机意识，要不断提高自己的执行力，不要被快速发展的社会淘汰。

■ ■ ■ ■ 执行不需要任何借口

众所周知，西点军校是美国一所非常著名的军校。它培养了3位美国总统，5位五星级上将，3700多位将军。第二次世界大战以后，全球500强企业里面，从西点军校毕业的董事长有1000多人，副董事长有2000多人，总经理有5000多人。世界上没有任何一家商学院能培养出这么多的商业领袖。我们不禁会思考：为什么不是商学院培养了企业领导人，而是西点军校呢？也许我们从田鹏著的《西点军校22条军规大全集》一书中可以找到答案。

军规1：无条件服从

军规2：工作无借口

军规3：细节决定成败

军规4：以上司为榜样

军规5：荣誉原则

军规6：受人欢迎

军规7：善于合作

军规8：团队精神

军规9：只有第一

军规10：敢于冒险

军规11：火一般的精神

军规12：不断提升自己

军规13：勇敢者的游戏

军规14：永不推卸责任

军规15：责任感

军规16：没有不可能

军规17：永不放弃

军规18：敬业为魂

军规19：决不为薪酬工作

军规20：理念至上

军规21：自动自发

军规22：立即行动

看到这22条军规，我想如果一个人在这样的规定下锻炼自己，一定会成为一个充满智慧、做事严谨的人。在工作中，我一直以这22条军规来训练我的员工，也许他们做不到对每条规定都能完美执行，但他们只要向着这些军规去努力，都能成为一个优秀并受企业欢迎的人。

电影《冲出亚马逊》经常出现4句话，第一句：是，长

官；第二句：不是，长官；第三句：我不知道，长官；第四
句：没有任何借口，长官。如果士兵还想说第五句话，那他就
要扛着沙袋跑60公里，还要到沙滩上做1200个俯卧撑。在电影
里，如果士兵不听教官的话就会被勒令拿着自己国家的国旗滚
蛋。一旦有士兵退出，丢得就不是他一个人的脸面，而是一个
国家的尊严。为什么军人强调荣誉、责任和使命？因为军人不
仅代表自己，更重要的是代表国家。

1898 年，美国和西班牙发生战争。战争中美国
要与古巴一个反抗军首领加西亚联手。因此，时任美
国总统的威廉·麦金莱给加西亚写了封信。情报局的
局长为总统推荐了安德鲁·罗文为总统送信。安德
鲁·罗文 1857 年出生，1881 年毕业于美国西点军校。
由于威廉·麦金莱只知道加西亚在古巴的一个丛林里，
并不知道他的相貌，也没有确切地址。安德鲁·罗文
来到总统办公室，接过这封信给总统敬了一个军礼，
没有任何迟疑地说："我保证完成任务。"转身就走了
出去。

安德鲁·罗文在接受任务的整个过程中，并没有
问过加西亚在哪里，也没有问如何去找加西亚，只是
说了句"保证完成任务"。最终，安德鲁·罗文经过
艰难跋涉，终于找到了加西亚，将信交给他，完成

了总统交给的任务。

安德鲁·罗文的行为正好印证了西点军校的22条军规：服从命令、坚决执行。威廉·麦金莱能够任用安德鲁·罗文，很大程度上也是信任从西点军校毕业的学生有着坚决执行、保证完成任务的优秀品质。

西点军校的22条军规同样适用于我们的日常管理。如果说这22条军规成就了西点军校，那么也一样能成就我们的员工，成就我们的企业。

■ ■ ■ ■ 打造成果导向思维执行模式

《致加西亚的信》让我们明白了执行力的重要性。那什么叫执行？在我看来，执行就是在第一时间不折不扣地拿到成果。很多老板抱怨员工执行不力，达不到预期的要求，我认为很大一部分原因在于领导下达的指令不够明确。比如，我对秘书说："你给我写个稿子，我过两天用。"我这句话几乎就是废话，稿子的标准是什么？什么叫过两天？所以秘书不知道什么时候交稿子，也不知道怎么写，只能拖着不写。比如，我对李敏说："李敏，你通知咱们公司30位员工明天下午3点准时在公司会议室集合，宋涛老师为大家做培训。"这句话句括了时间、地点、人物、事由，信息很明确，之后就要看执行人员的执行能力了。

结果第二天下午3点，会议室到了26个人，缺了4个人。我很生气地问李敏："那4个人到哪里去了？"李敏也很委屈，说："王老师，我给他们打过电话，也发短信了，现在那

4个人堵在路上了，那是他们的责任，不是我的问题。"

李敏在这个过程中打了30个电话、发了30条短信，但她只是完成了任务，并没有拿到成果。对这件事来说，30个人准时到达会议室才叫这项任务的成果，所以完成任务不等于拿到成果。李敏认为他们迟到不是自己的问题，但实际上这个结果与李敏是有关系的。因为这个任务是我交代给她的，她给我的成果应该是30个人准时出现在会议室。

李敏的失误在于做了而没有做到，结果就等于零。如果李敏做了并且做到了就是一百。如果我让员工去挖井，挖井是任务，那什么是成果？挖到水是成果。但是很多员工想，我也努力了但是挖不出水，就不能怨我了。其实挖不到水的井就是零，等于这个员工什么都没有做成，还浪费了时间。

为什么企业里的员工做不出成果呢？我认为主要有两个原因：

第一，态度问题。一个员工可以做出成果，但是他的态度不好，或者他根本不愿意做出成果。这种员工有能力却不肯做，所以也永远做不到成果。

第二，能力问题。有些员工就算老板下了死命令，也做不出成果，可见他们还不具备做到的能力。但是这样的员工在企业里很少，每个老板都不会笨到喜欢招聘这样的员工。

另外，我认为员工拿不到成果还有一个原因就是他们根本不知道成果是什么。比如我对秘书说："你去帮我买3斤土豆。"他肯定会问"什么时候要土豆""对于土豆质量有什么要求”等很多问题。

其实，这就是他们不知道成果定义的缘故。在为企业员工培训的过程中，我总结了成果定义的三个要素。

第一，知道限定的时间；

第二，知道成果的标准；

第三，知道如何去做出成果。

其中“知道限定的时间”“知道成果的标准”是我们接到任务时就要向领导询问好的，最后一项“知道如何去做出成果”就是我们自己要解决的问题。很多员工做了却没有取得成果，问题就出在了第三项。

在国庆节放假前，我对宋超说：“在放假期间，我们全体员工去青岛旅游，你去给大家订火车票吧。”他说：“好的，我保证完成任务。”结果，他第二天早上五点就去火车站买票，到了下午三点才回来，并且满头大汗地说：“王老师，对不起，我去了北京所有的火车站，火车票都被卖光了，我只好回来了。”

我有些生气地对他说：“宋超，你太让我失望了。”接着，我把何容叫到了办公室：“何容，你去为大家买火车票。”可想而知，何荣第二天去买火车票比宋超买到的概率更小。结果，何荣也很早去了火车站，也在下午三点钟回来了。他回来后说：“工老师，所有的火车站我都去过了，网站我也查询了，确实没有票了，但是我认为还有五种方法可以去青岛，您可以从中选择一下。

"第一种方法，我们可以买高价票。我在火车站排队的时候发现有黄牛卖高价票，每张票比原价大概高出一百元。

"第二种方法，我在排队的时候，有个警察在维持秩序，一聊天才发现是老乡。他说我们可以先买站台票上火车，到了火车上再补票，但是这样的话只能辛苦大家站着去青岛了。

"第三种方法，我们可以坐飞机去青岛，大概需要一个多小时就能到达青岛，今天晚上有两个航班，一个是晚上九点，一个是晚上十一点半，现在还有票，我可以随时预订机票。

"第四种方法，我们可以租一辆大巴去青岛。这样做的好处是大家都在一起，方便做活动，还可以随时停车让大家欣赏沿途风光。不过大巴的费用要比坐火车的费用高一些。

"第五种方法我认为也不错，就是乘坐火车到济南，然后换乘去青岛。这种方法时间上会长一些，但是费用适中，也比较划算。"

我想老板都会更喜欢何容这样的员工。买火车票是任务，什么是成果？很多人说买到票是成果，其实买到票这个回答也没错，但是最后的成果应该是到青岛才对。

没能力的员工总是说没办法，有能力的员工总会说没问题。判断一个员工的工作有没有价值，看看他有没有拿到成果就可以了。

在工作中，每个员工都有自己的个性，但总体来看，我们可以把员工分为任务型和成果型两大类。

第一类是任务型员工。这种类型的员工也叫负债型员工。任务型员工的特点是：被动、追求过程、喜欢找借口。他们经常想到的一句话是：老板，我没有功劳也有苦劳啊。如果你心里也这么想，那么你就是个负债型的员工，因为你没有在企业里证明自己的价值。

第二类是成果型员工。这种员工也叫资产型员工，其表现是：主动、追求成果，负责任，自动自发，坚决执行。这样的员工在执行任务时最能体现以下特点：

执行前：信心第一，成败第二；

执行中：速度第一，完美第二；

执行后：成果第一，理由第二。

很多人都看过电视剧《亮剑》，其中有个情节是李云龙把柱子叫来问："我们距离敌人的指挥部有五百米的距离，你有没有信心干掉对方的指挥部？"结果柱子连考虑都没有考虑就说："有！"这就是执行前信心第一，成败第二的最好例证。

有些员工接到领导的任务时总是思前想后，考虑如何做到完美，可是市场如战场，机会稍纵即逝，在你考虑的时候可能成功已经属于别人。因此，在执行中，我们要强调速度第一，完美第二。至于执行后的成果第一，理由第二。我们可以理解为，接到任务后应该强调如何拿到成果，而不是结果，因为完成任务不等于拿到成果，做了与做成是不一样的。

▪▪▪▪ 从执行到复命，第一时间给成果

很多培训老师都在讲执行，但我认为对员工来说，单独的"执行"已经满足不了职场的要求，而是"复命"。

复命就是主动拿着成果向上级回复；复命是对他人的承诺，在限定时间内必须拿出成果；复命就是对工作无条件接受，无条件完成，并第一时间给予兑现。

有一次在沈阳讲课，我给了助理一个朋友的联系方式，并对他说："这是我东北的一个朋友，你和他联系一下，如果他有时间可以来听听我的课。"第二天我发短信问助理："你联系对方了吗？什么情况？"过了大概30秒，他回了条信息："联系了。"我马上又发了一个信息，问问结果。不到30秒他回了一条短信："他不来。"我又问为什么不来呢？他又给我回条短信："王老师，他老婆生病了，在医院陪床呢，他说等下次你来沈阳的时候请你吃饭。"本来可以一条短信完成的事情，他浪费了我三条短信。问题不在这三条短信上，而在

于他浪费了我们两个人的时间。当老板追着员工要成果的时候，员工执行的任务就已经是失败的了。

很多时候，当老板或者主管问员工这件事做了没有，这只能说明这个员工已经延迟了执行的进度。什么叫真正的执行？老板给你安排一项任务后，你要主动过来复命，这才是真正的执行。他让你明天交给他，你最好今天晚上就交给他完美的成果，这样不仅能提高自己的工作效率，还能提高自己在老板心目中的地位。所以，我们现在要强调从执行到复命。前文案例中助理发给我的第三条短信才把前因后果说清楚，那才是真正的复命。

再举一个例子，我办公室的窗子坏了，安排世杰老师找人修一下。同样的事情再次发生，我在外地给他发短信说："我办公室的那个窗子修了吗？"他回了两个字："修了。"我说："修好了吗？"他回："没修好。"我问："为什么？"他回："王老师，那个锁坏了需要重新买个新锁。"

我想无论谁是老板，看到这样的三条短信都肯定会生气。我回短信说："那好，你抓紧去换。"他回："好的，王老师。"我在外地讲了几天课后又问他："那个窗子修好了吗？"他回："王老师，我一休息就把这事给忘了。"

我一听真的被气坏了，说："你抓紧去修，冬天这么冷，你要把我冻死啊，在我回来之前一定要修好。"他回："没问题，王老师，放心吧。反正你三天后才回来呢。"三天后，我满怀信心地走进办公室，结果却是寒风瑟瑟——那个窗子依然没修。我顿时火冒三丈，找到世杰，说："为什么窗子还没修好？"他说："王老师，不是我的原因，因为物业的人这两天休息，今天是周一，他们一定过来修。"

在这个任务中，修好窗子是成果。显然世杰并没有完成这个任务，他给我的回复也不是复命。造成这样的结果，很大原因是他不懂什么是复命。复命应该理解为一种基本的职业操守，一种忠于使命的精神，一种源自内心的价值观，一种拒绝借口的态度，一种重视成果的责任，一种高效完成任务的策略，一种无往不胜的竞争力，一种迈向成功的模式。我强调员工执行工作不能找任何借口，看似冷漠，缺乏人情味，但却可以激发一个人的无限潜能。

美国的一个军人在退伍后开始找工作。因为他是一个伤残的退伍军人，年龄又有些大，到很多企业去面试都被拒绝。有一天，他充满信心地来到了美国当时最大的一家木材公司面试，人力资源部的人又拒绝了他，但是他没有放弃。经过了几道关卡之后，他见到了那家公司的总裁。他来到总裁面前，说："请您给我一个工作机会，我以一个军人的名义向您担保，我保证完成任务，我一定不会让您失望的。"

总裁看着这个军人有些伤残，年龄又大，但他觉得，能经过几道关卡来见自己，就说明这个人非常有自信，非常有意志力，不如就给他一个机会，看看他到底能不能把工作做好。于是，总裁真的给了这个退伍军人一个工作机会，让他做中部地区的业务员。因为这家公司在中部有一个烂摊子，那里的货款长期不能清回，业务没有办法开展。总裁就派这个退伍军人去收取货款，看他能不能完成这个任务。退伍军人接到任务以后，向总裁表示自己一定完成任务，说完就马不停蹄地奔向了中部地区。

几个月后，公司在中部的业务理清了。一年以后，公司在中部挽回了形象，人际关系变好了，大部分货款被追回，而且业务得到了正常开展。在一个周末的下午，退伍军人被叫到了董事长的办公室，董事长笑容满面地对他说："我今天请你帮个忙，我的妹妹结婚，我想请你帮我买一个礼物，这个礼物是一个蓝色的花瓶，我妹妹非常喜欢这个花瓶。"说完他就递给退伍军人一张卡片，正面写的是销售蓝色花瓶的商店地址，下面还有商店的电话。反面是董事长在火车上的车厢及座位号。董事长说："麻烦你在我上火车之前，帮我把这个蓝色花瓶买到。"

退伍军人接到卡片说："董事长，我保证完成任务。"说完他马上去帮董事长买这个蓝色花瓶。当他费了好大力气来到这张卡片上标明的地址时，他的大脑一片空白。因为这个地方根本没有董事长描述的商店。但他没有抱怨，开始打卡片上面的电话，结果是空号。

他尝试给董事长打电话问一下是什么情况，但休息日董事长是不接电话的。他对自己说我一定要完成任务，拿到董事长想要的结果，他只能自己去想办法。于是他开始结合信息，向路边的人打听，开始挨个打电话，终于在距离董事长说的地点的五条街以外找到了那家店。他欣喜若狂，大步走了过去，看见橱窗里摆的正是董事长要买的那个蓝色花瓶。但他走近这家店时，却发现商店提前结束营业了，因为那天是休息日，商店的营业时间很短。

他对自己说我一定要完成任务，于是又找到了这家商店经理的电话，打了一次没通，打了第二次没通，接着打，直到打到第四次的时候电话终于通了。他还没有说话，对方就说"我在度假"，便挂断了电话。

退伍军人想，我今天就是把这个橱窗砸碎，也要拿到蓝色的花瓶。接着他转身去找工具，当他真的要砸碎橱窗时，突然发现一个全副武装的警察就站在商店门口，退伍军人没有办法只能再次拨打商店经理的电话，电话接通以后，他告诉经理，自己是个退伍军人，并向董事长承诺一定要买到花瓶，完成这次的任务，自己要信守承诺。接着，他又告诉经理，自己的伤残就是因为承诺要把战友背出战场造成的，他说自己从未后悔过，因为他兑现了自己的承诺。退伍军人再次恳求经理卖给他花瓶，经理终于被他感动，找来了一个店员将花瓶卖给了他。当他拿到蓝色花瓶的时候，才发现董事长的火车已经出发了。

虽然董事长的火车已经走了，但他一定要将花瓶送到董事长的手中。于是，他开始给自己所有的战友打电话，问谁家有私人飞机。在他打了第62个电话时，终于有一个战友的朋友愿意把私人飞机租借给他。于是，他坐着私人飞机，拿着蓝色花瓶，来到董事长中途休息的火车站。当他来到董事长面前时，董事长显然有些吃惊。退伍军人小心翼翼地将花瓶放到桌子上说："董事长，这就是您要的蓝色花瓶，并且代我给您妹妹问好，祝她新婚快乐。"说完他转身走下了火车。

两天后的早上，这个退伍军人再次被董事长叫到了办公室。董事长笑容满面地跟他说："你完成了一个不可能完成的任务，其实公司最近这几年一直想找一个远东地区的总裁，因为那是我们公司最重要的职位。这几年我们提拔了很多员工，也找了很多的职业经理人来做这项工作，但是没有一个人能胜任。所以，顾问公司就给我们出了叫'蓝色花瓶'的测试，我们给的地址和电话都是假的，而且我还让那个店经理提前锁门，而且只能接两次电话，还要看对方的表现，表现不好就不接电话。显然，这一切都没有阻碍你完成任务的决心。曾经有一个人完成了这项任务，但他把橱窗的玻璃砸碎了，他的做法不符合我们公司的文化，所以我没有录用他。于是，在后来的每一次测试中，我们会派一个全副武装的警察守在那里，但这一切都没有阻碍你完成任务，现在我正式任命你为远东地区总裁。"

如果把这个测试用到我们的员工身上，员工在遇到地址和电话是错误的时候通常会对老板说："老板，您给的地址和电话都是错的，我没有办法完成任务。"有一点责任心的员工可能在附近打听到商店的地址，但是商店提前结束营业，他也会很失望地告诉老板："老板，这家店提前结束营业，店门都上锁了，所以买不到您要的花瓶了，要不下星期我来给您买吧。"很少有员工在商店关门后还要找到店员购买花瓶，更不会在老板已经上火车之后还要坐私人飞机追赶老板。

在我们的人生中，每天都会有"蓝色花瓶"测试，每天老板都在给我们安排任务。关键是我们并没有做到像退伍军人那样信守承诺，给老板一个满意的答复。所以，在你遇到困难想要抱怨的时候请想一下这个"蓝色花瓶"测试的故事，也许你会改变自己的想法，坚持下去，成功也许就会出现在你坚持的下一秒。

最后，我用六句话总结复命精神的实质，希望大家在做事时不要轻言放弃，坚持到底。

第一，提出问题带答案；

第二，汇报工作说结果；

第三，总结工作按流程；

第四，回忆工作谈感受；

第五，执行任务做成果；

第六，受命复命不逃命。

如果员工向老板汇报工作，只提出问题不带答案，这就是在抱怨，在发牢骚，没有达到复命的要求，而抱怨和发牢骚都是无能的表现。李嘉诚曾说："请记住给你的上级做选择题，什么叫选择题，不是问你的领导该怎么办？而是给你的领导说出三种以上的解决方法，看领导认为哪个更合适，这才叫合格的员工。"在电视剧《亮剑》里面，李云龙为什么喜欢张大彪？有一次，部队遭到突袭，李云龙对张大彪说："去抓个活的问问对方是什么部队。"张大彪马上说："团长，对方是坂田连队的。"在老板下达任务的时候，员工已经做好了应答的准备，这样的员工哪个领导不喜欢？

不断学习
——持续成长的发动机

人类社会也是一样。不管你是员工还是老板，一定要记住：学历代表过去，财力代表现在，而学习力代表未来。在这个世界上，到处都是有才华的穷人；在这个世界上，到处都是有学历的低能者。

■ ■ ■ ■ ■ 未来的竞争是学习力的竞争

这个世界上，人缺少的永远不是钱，而是赚钱的能力。有人说企业和企业之间是服务的竞争，也有人说是产品的竞争，我则认为是人才的竞争。因为服务和产品都是人做出来的，所以人才是一个企业基业长青的根本。电影《天下无贼》里葛优扮演的黎叔有句台词是，"21世纪什么最贵？人才"。那么人才与人才之间竞争的是什么呢？我认为是三个字——学习力。

人在出生的时候并没有太大的差别，都是一个头，两个眼睛。那为什么上学之后，甚至到了大学毕业后，有的人已经是大老板，有的人却还在温饱线上挣扎。

其实，我们今天的生活状况在很大程度上是三五年前就决定了的。如果每个人都像是一台电脑，当电脑硬件都一样的时候，决定电脑运行速度的就是软件，对于人类来说，这个软件就是我们的知识。

我的学历不高，但现在的我也拥有了自己的教育集团，每年都要去很多大学演讲。因为精力有限，我甚至推掉了很多演讲机会。每次演讲，即使由我自己承担演讲费用，我也希望有更多的人听到我的演讲，因为我想通过自己的故事帮助更多的人。我的演讲不是空谈大道理，而是讲我自己的经历，讲我看到的社会与现实，所以很受大学生的欢迎。

　　13年前，我的工作是在海鲜市场卖鱼，工资是每月150元钱，也就是一天5元钱；现在，我成了老板。我想说的是，自己并不聪明，也没有投机取巧的办法，但是我懂得学习，我知道只有通过学习才可以实现自己的梦想。

　　7年前，我的工资是每月600元，那时我去听一个老师的课程，课程总价是4500元，这相当于我大半年的工资。所有的人都说我疯了，其实只有我自己知道我缺的不是钱，而是赚钱的能力。今天我有了一些成绩，也不是钱堆起来的，而是我不断增长的能力创造了这一切。

　　直到现在，就算再忙我也会抽出时间来学习，有时间我还会去外面听课，学习他人的经验。算一算我用在学习上的费用，最少也有100万元了，但是我获得的收获却不是能用钱来衡量的，我为公司创造的利润也远远超出了我的投入。任何投资都会有赔有赚，如果说有一种投资一定不会赔本，那就是智力投资，它会让我们更有能力。

　　以前的我胆小、内向，从不和陌生人说话。通过智力投资，我变的善于沟通，喜欢为大家演讲，成为现在的专业讲师，培训别人的口才。这些都是学习给我带来的收获。也是在这个过程中，我不断提高了自己的学习能力。

做业务员时我见人说话就脸红，按完门铃就跑，因为怕别人开门拒绝我。打电话做业务时，电话刚通对方还没有接，我就把电话挂掉了，我还暗自庆幸，幸好对方还没接。但就是在做电话销售的时候，我赚到了人生的第一个100万，因为后来我一天打200个电话。好几年过去了，我的7项销售记录到现在还没有人打破。

李嘉诚曾说："经验是负债，学习是资产。"正如他所说的，我现有的一切都是靠学习得来的。如果一个老板不学习，一家企业的员工不学习，那么这家企业早晚会被淘汰，企业里的员工也会面临再次就业的问题。当一家企业被淘汰的时候，我们不会评价它"永垂不朽"，只能说它"学习不够"。

■ ■ ■ ■ ■ 满足现状是人生最大的陷阱

古人说"穷不学则穷不尽，富不学则富不久"，也就是说，如果你很贫穷，却还不学习，那么贫穷将永远没有尽头；如果你很富有但不学习，你的富有也不会长久。有很多人对我说，他们知道自己应该继续学习，但是学习费用太高了。我想说的是，正因为你现在没钱，所以更应该学习，只有学习才能改变命运。如果你努力学习，那三五年以后，这些钱对你来说根本不是问题。如果你不学习，只能被这几千元钱困扰终生，永远也逃脱不了没钱的困境。如果你觉得自己不学也可以，对现状已经满足了，我只能说没有危机就是最大的危机，满足现状就是最大的陷阱。

自然界有两种动物擅长奔跑：一种是狮子，一种是羚羊。狮子有个信念：如果我不跑，我就没饭吃，今天就会挨饿。羚羊更明白一个道理：如果我不跑，我就会被狮子吃掉。

人类社会也是一样。不管你是员工还是老板，一定要记住：学历代表过去，财力代表现在，而学习力代表未来。在这个世界上，到处都是有才华的穷人；在这个世界上，到处都是有学历的低能者。人们经常说，一根电线杆倒了，压倒一群大学生。现在，有学历的人很多，但是有能力的人却不多，所以，把学历变成能力才是最重要的。

曾有一个记者问李嘉诚先生："你成功的秘诀是什么？"他说："两个字，学习。"李嘉诚几乎是所有企业家的偶像，他的成就令人叹为观止。有如此成就的人都认为自己的成功要归功于"学习"，那么，我们更找不到不学习的理由了。也有记者曾问比尔·盖茨："你连续多年成为世界首富的秘诀是什么？"比尔·盖茨回答了四个字："终身学习。"

像他们这么优秀的人都在学习，我们就更应该坚定"靠学习来改变自己"的信念。我时常告诉自己，如果一个人只学习不复习，再不练习，最后一定没有出息。我有很多学员变成了学习专业户，记了一本子笔记。但他们回到家把本子一扔，再也不看。我们常说"因为学习才有出息，因为交流才能一流，因为分享才能成长，因为交谈所以变得非凡"。所以，既然已经学了，就一定要多看，多复习，这样才能增进自己的知识和能力。

在与企业家交流的过程中，我也总结了人生的两大悲哀，在此与大家分享。

走出校园，不学习了

其实，社会也是大学。当你离开校园的时候，也许才是你真正学习的开始。很多人认为拿到了毕业证，就再也不需要学习了。其实，你的毕业证只是原来学习能力的一个证明，你学的知识有可能一毕业就已经被淘汰了。毕业就不用学习了，这种想法是极度错误的，毕业之后的学习才能体现你的学习能力，才能迅速提高你成就事业的能力。

我给大学生演讲时候，有些听众是计算机专业的学生。现在计算机的发展速度可谓是突飞猛进，电子产品被一批批地淘汰，所以，在学校学的知识也只是个基础，最重要的知识还要在毕业之后继续学习才能获得。

结了婚，不再恋爱

有一次，学员中有一对夫妻，我便对男士说："先生，要让老婆永远爱你，你要记住多给她说好听的，因为女士是听觉动物。"然后，我又对女士说："太太，要让老公永远爱你，你就要经常说'老公，你太棒了'。因为男人需要崇拜。"后来有的学员也听了我的建议，回家后对自己的爱人表达了爱意，然后发信息感谢我。其实，在结婚后就不再像恋爱时那样说"我爱你"，并不是正确的做法。人与人之间相处就是要互相表达自己的想法，这样对方才知道你是怎么想的，相处才会融洽，爱人之间是这样，同事之间亦是如此。因此，我们要主动向对方表达爱意，对方也会给我们以回馈，因为每个人都渴望爱与被爱。

介绍完人生的两大悲哀，现在来看看人生的三大不幸：

第一，遇良师不学；

第二，遇良友不交；

第三，遇良机不握。

人们常说"活到老，学到老"。现在时代变了，我则认为只有学到老，才能活到老，而且是活得更丰富、更有质量。如果你在学校里上课会昏昏欲睡，那么在毕业后继续学习就是要你从昏睡中觉醒。因为在学习中老师会不断去除你身上的缺点和毛病，当你身上所有的毛病都没有了的时候，你就接近成功了。我经常对员工说："我一到你们的宿舍，看看你们床头上摆放的书，就大概能猜出你们的月收入，就能预测你们未来能不能成功。"有些人床头摆着武侠小说，有的人床头摆着《一帘幽梦》，有的人床头摆着《三国演义》《西游记》。当然，这些书都是我们的爱好，没有对与错，但要是我们把精力多放在职场培训，职业能力提升方面，我想这样的员工离成功会更近一点。

下面是松下公司在判断员工能力时的十项标准，我们一起分享：

第一，不辱使命，虚心好学；

第二，不墨守成规，经常创新；

第三，热爱企业并与企业共命运；

第四，不自私，能为团队着想；

第五，能够做出正确的价值判断；

第六，有自主经营能力；

第七，随时都是一个热忱的人；

第八，能够得体地给上司提建议；

第九，具有强烈的责任意识；

第十，有担当重任的能力。

现在职场中常讲这样一句话：读万卷书，不如行万里路；行万里路，不如阅人无数；阅人无数，不如名师开悟。我没有把自己比作名师，但如果这本书中有一句话或是一个观点能启发你，这也是我最大的荣幸。就像当年的我拿着4500元钱去上那堂课一样，那位老师所讲的道理改变了我的一生。自从上了那堂课，我下定决心要从事培训行业，后来，我真的改变了自己的一生。这也正应了那句话"你认为你能否成功，你认为你能否卓越，都是对的，结果和你想的一样"。

有的学员对我说："王老师，我不学习照样能有成就啊。我在公司不学习，照样能得到老板的重用啊。"我的回答是："你说得没错，但是自我摸索是所有成功方法里面最慢、最笨的一种，而聪明的人都懂得借鉴别人的经验。比如在公司里面有前辈指导我们工作，我们往往会把工作做得更好，其实这也是我们学习的过程。"

当前辈指导我们工作的时候，就等于将他的能力、经验毫无保留地分享给我们，同时他们也将做人做事的道理潜移默化地传授给我们。如果你只靠自己，那其他同事会认为你很孤僻，也不利于工作的顺利进行。

因此，最慢的成功方法就是自我摸索，非得自己撞得头破血流，然后骄傲地说上一句"这是我的经验"，这样做又何必呢？其实成功没有捷径，与其自己撞得头破血流，不如虚心向前辈请教，不断学习经验，这才是最大的捷径。

在职场当中有八种员工的日子不好过。这些员工带有的特征是：知识陈旧、技能单一、情商低下、心里脆弱、目光短浅、反应迟钝、单打独斗、不善学习。

有一次，我在秦皇岛给员工讲课，一个员工举手问我说："王老师，这八个特性我都占全了，怎么办？"我回答："如果你都占全的话，在公司里，你的收入一定不高。"他很激动地说："没错，王老师，我的工资很少。"我回答："我还在饭店里当厨师助理时，挣得也很少，但我不甘心永远做厨师助理，所以我努力向师傅学习，我每天都会勤快地帮师傅做事情。每个人都喜欢努力勤快的人，所以师傅很喜欢我，有时忙不过来就让我帮着炒菜，锻炼我的技术。后来我提出替师傅为员工做菜，师傅很高兴。第一天为员工做菜，饭后很多员工过来说菜太咸了，我真诚地向他们道歉，但师傅没说什么，第二天我接着为员工做菜，慢慢地，我的技术越来越好，直到后来升为厨师。"

他想了一会儿说："王老师，谢谢你，我想我知道自己应该怎么做了。"其实，我不是在夸耀自己，我只是在想那时的自己远没有现在的他优秀，但我却没有混日子，而是努力改变着自己。所以他也可以通过努力，改变现状。很幸运，他领悟到了这一点，我想他通过努力也一定会成功。因为遭遇困境不可怕，可怕的是安于现状。

■■■■ 不成熟员工有六大死穴

在为企业做培训的过程中，我总结了不成熟员工的六大死穴，在此与大家分享。

无能

无能的员工心比天高，能比纸薄。也就是说，他的能力很差，但是心里却想得很远大。这种员工眼高手低，大事情做不来，小事情不愿意做。企业里经常有这样的员工，虽然不犯什么大错误，但却消耗着企业的资源，更浪费着自己的时间。

只想回报

很多老板都不喜欢只想着回报、不想工作的人，因为在面试时，这种人第一句话通常是：老板，你给我多少钱？我现在的助理来到公司时，我说："你对公司有什么要求？"他说："王老师，你只要能让我在这里学习到知识，工资多少我没有意见。"我想这样的员工老板都会喜欢。因为当他不在意工资时，就说明他的心沉下来了。他相信，自己的工资取决于未来给老板创造的价值，自己的薪水取决于为企业创造的价值。我们公司营销人员的底薪不高，因为我想让他们知道，只有自己努力，才能收获更多。我也时常告诉他们，他们是在为自己工作，而不是为我工作。当他们感觉是在为自己工作的时候，就会全力以赴，很自然地就能创造很多业绩，获得应有的收入。

不自律

管不住自己，就是不自律。有些员工经常违反公司的制度，没有管住自己，这就是不自律。不自律看似不是什么大错误，但却为以后的大错埋下了隐患，当犯大错的时候再后悔就太晚了。

常被负面情绪影响

有的员工经常埋怨领导，埋怨同事，动不动就说"辞职不干了"。前文我们提到过被流言害死的牛的故事，其实，我们的身边也有很多这样的"牛"，只不过还没有到惨死的地步。有的员工早上一来到公司就说"今天的地铁挤死了"。在我的公司，这种行为会被视为传播负面情绪，所以当天的值班主管会把公司门口的发财猪放到他面前说："你好，请你快乐一下。"这样做是让他看见可爱的发财猪，快乐一下，也是惩罚他刚才传播的负面情绪。如果我迟到了，他们也会说："对不起，王琨老师，你迟到了。"我也会接受惩罚，没有任何借口。我们从来不说惩罚员工，我们叫"快乐"。"快乐"得来的钱也不归公司，我们将钱取之于民，用之于民，积攒到一定数额就请大家吃饭、看电影，以此来增加同事之间的了解。

不愿付出

在团队里面经常有这样的员工，在公司有重大安排或重大活动时，就见不到他的人影了。这种员工显然是在逃避任务、推卸责任。可想而知，这样的员工在公司有活动的时候不出力，有好事的时候，领导当然也不会想到他。

不爱学习

这种员工总是自以为是，不爱学习。他们自认为自己懂得很多，其实这种员工只是盲目自大，当他们遇到困难的时候才会知道自己的知识是多么的浅薄。

正所谓有学识才有见识，有见识才会有胆识，有胆识才会有本事，有本事才能成大事。我们可以衡量一下自己处在哪个学习境界里面，只有知道自身的不足才能努力寻求改变。

■ ■ ■ ■ ■ 卓越人才必须掌握的两种知识

无论是在培训课上，还是在公司里，我都会建议大家学习两种知识：本位知识、全局知识。这两种知识在今后的工作和生活中都会对大家有所帮助，所以在此与大家分享。

本位知识

所谓"本位知识"，就是你所在岗位的基本知识。你是一个保安，你要了解所有的保安信息；你是一个美容师，你要了解美容行业的所有知识；你是楼盘销售员，你要了解房地产的所有信息。这也正是我所提倡的"专一才能专业，专业才会超越，超越才能卓越"。

我曾看过一本名叫《一类》的书。书中提到：任何一个领域，只要练习超过一万小时，你就一定会成为这个领域的专家。我曾经问过很多国家级的运动员：你们每天锻炼多久？他们给我的回答都是：每天练到胳膊挥不动为止。张怡宁曾回答我说："我每天打乒乓球这个动作要练两万次。"我曾经看过一个介绍王励勤的宣传片，里面有个画面是在距离很远的地方放一个碗，他能闭着眼睛把乒乓球准确地投到碗里。这些事例都说明每个人想要成功都要对自己的职业充分了解，并勤加练习。

古时候有一个人的箭术非常高超，经常向别人炫耀自己的箭术，大家也都夸他的箭术了得。一天，一个老者见到他的箭术却不以为然，他就问老者："你为什么瞧不起我？"老者说："我并没有瞧不起你的意思，我是卖香油的，你来看我给你做个动作。"他把一个瓶子放在地下，将一个铜钱放在瓶口上，然后把香油举得高高的，从上往下倒，香油就像一条线似的通过铜钱轻松地进入了瓶子，而且铜钱周围没有沾到一滴香油。这个人看了低下了头。老者对他说："也不是我多么了得，也不是我多么厉害，只不过我练习的次数比较多，熟能生巧而已。"

虽然时代变了，但人们要学会本位知识的要求并没有变。正所谓熟能生巧，你只有在这个行业里勤勤恳恳才有可能做出成绩，那些走马观花、眼高手低的人是不会成功的。一个人在一个领域里做一年可能不会成为专家，但如果他在一个领域里努力十年，他就很可能成为这个领域的佼佼者甚至是权威。

20世纪20年代初，美国的福特公司有一个大型电机出了问题。他们的工程师修了3个月都没有修好。没有办法，只好从德国请来了一个名叫梅次的电机专家。梅次在这台大型电机旁搭了一个帐篷，就住里边，方便每天检查，每天做记录。5天以后，他在电机上画了一条线，又把所有的工程师叫过来开会，并说"打开电机盖，把里面的线圈减少6圈，问题立刻解决"。工程师们半信半疑，但是没办法，他是德国最著名的电机专家，所以大家就按照他的要求去做了，电机果然恢复了正常。最后梅次收取的维修费是一万美金，所有人都说这简直是勒索敲诈，不就是减少6圈线嘛，就要一万美金。

最后，梅次在收款单上写了这样一行字：画一条线值一美金，但是知道在哪里画线就值9999美金。

这是多么巧妙的回答啊，这就是专业和不专业的区别。不管我们正在从事什么工作，都要问问自己，在公司是否无可替代地成为第一名？如果不是，就要好好努力了。

全局知识

所谓"全局知识"，就是本位知识以外的知识。现代社会竞争激烈，时代要求我们样样都要会。我们公司有个销售高手——志宏老师。我们的演说班开完以后，他做了一个视频，让我非常震撼，这时我才知道他会做视频。后来，公司又有一个重要的会议，我就将为会议做视频的任务交给了他。当一个人有了更多能力的时候，老板就会给他更多的责任。同样，当他承担了更多责任的时候，也就意味着他拥有了更多的能力。

其实，每个人初入职场不是什么都会的，最关键的在于自我的积累，从错误中寻求经验，从经验中增长能力。因此，我经常对员工说"人生最可怕的是没有累积"。在此，我也想把自己对积累的感悟与大家分享：首先是经验的累积，随着自己的经验越来越多，自身的能力也在不断提高；其次是人脉的累积、时间的累积、成果的累积。当你累积到一定程度的时候，能力得以爆发，价值得以体现，你也会逐渐成为企业里最受欢迎的人。千万不要高估自己一年内的成就，但也千万不要低估自己五年内的累积。

我在20岁的时候给自己定下了成为演说家的目标，以及在半年之内买一辆奔驰汽车，但这些都没达成，因为那个时候我没有积累。但这并没有影响我努力工作，因为我在一直朝着自己的目标前进。我知道自己一定会实现这些目标，只是时间长短的问题。所以，大家千万不要低估自己的累积。虽然我在20岁的时候没有达成目标，但是在22岁的时候开始讲课，24岁那年给自己买了一辆奔驰轿车。所以我要告诉大家，努力向着自己的目标前进，没有实现目标，只是自己的能力还不够。

在自我积累的过程中，不要在乎花了多少钱。钱的多少只是一个表象，真正的知识和人脉是用多少钱也买不回来的。所以，在人的一生中，我认为有四项钱是必须要多花的，它们分别是：

学习的钱要多花；

孝顺父母的钱要多花；

投资朋友的钱要多花；

回馈社会的钱要多花。

无论你从事什么职业，学习都是你要一生坚持的事情，孝顺父母是你做任何事情的前提，交朋友会让你一生都不孤单；回馈社会才能体现自己更大的价值。这四件事融合了本位知识和全局知识，努力做好以上四件事，你就会发现困难时有人帮，孤单时有人陪，生活中有人关心，原来生活是如此美好。

努力奋斗
——永恒不变的真理

在这个世界上，最可怕的事就是别人比你更努力，所以，我们在企业里也要做到全力以赴，把每件事都当作最后一件事情来做。如果你为企业创造了1000万元的价值，老板肯定不会发给你2000元的工资。所以，收入永远和付出成正比。不要羡慕别人获得的多，只要你比他更努力，你就可以比他更优秀。成功的秘诀只有努力，超越别人的秘诀还是努力。

■■■■ 成功就是比别人更努力

　　一家权威杂志曾对2万名60岁以上的老人做过调查，问题是他们一生中最大的遗憾是什么。结果答案竟惊人的相似：第一大遗憾是年轻的时候不够努力，很多理想没有实现；第二大遗憾是没有照顾好自己的身体，让自己和病床结缘；第三大遗憾是没有教育好自己的儿女。

　　这个调查结果告诉我们，不要在年轻的时候浪费时间，要多努力，实现自己更多的梦想；保护好自己的身体，不要到生病时再惋惜；把精力放在教育子女上面，不要让他们重复上一辈的悲哀。如果有人认为年轻就是资本，可以不用努力，那么年轻就不再是你的资本。要想有不同的结果，一定要付出努力，越努力就会越幸运，因为在这个世界上，一定会有人为你的付出埋单。

美国著名的推销员乔·吉拉德非常喜欢睡懒觉，所以他就给自己定了21个闹钟，分别放在自己的卧室、厨房、卫生间等不同的位置。到了第二天5点钟，21个闹钟同时响起，虽然他还想睡觉，但他不得不爬起来关第一个闹钟，即使他关了第一个闹钟，其他20个还在响，于是他就不得不再跑到厨房去关第二个，然后跑到客厅去关第三个……等他把21个闹钟都关完，他发现自己已经困意全无。

这个时候他会狠狠地走到镜子前，对镜子里的自己说："乔·吉拉德，请你记住，今天一定要有人为你那么早起床而付出代价。"于是他就拿着名片开始拜访客户，就这样他每天都不断激励自己。后来，他卖了全世界最多的汽车，到现在还是这项吉尼斯纪录的保持者。

有人曾问李嘉诚先生成功的秘诀是什么，李嘉诚先生说："非常简单，在职场当中，我会比别人多努力两倍。"有人也曾问过孙正义同样的问题，他的回答是："很简单，我在职场中比别人多努力四倍。"

如此有成就的人尚且如此，我们要在自己的领域有所成功，就更要比别人付出更多的努力。我们不能只看到成功者光鲜的一面，要想到人家在背后付出了多少的努力。成功不容易，要靠付出才能实现。

我非常喜欢著名影星成龙，也有幸见过成龙先生。有一次我和他见面时我便问他："成龙先生，你今天获得那么多成就，最大的秘诀是什么？"当时成龙被很多保安护送着，但是他在走之前对我说："努力。"

我曾搜集过成龙的资料分析他成功的原因。他从小开始练功夫，直到现在拍了100多部电影。我也看过成龙的自传和各种纪录片，他全身的骨骼几乎全部都断过。在一次拍电影时，他要从13米的高楼跳下来，并且不用任何安全措施，结果把腿摔断了，但他下午还是继续拍戏，他的努力让很多人感动。

还有一个令我敬佩的人是刘德华。他就像一棵常青树，永远没有衰老的时候，永远保持着年轻的状态。他经常说："我要让你们的孩子长大了还喜欢我。"我收集过刘德华的资料，他拍了160多部电影，唱了将近2000首歌，获得了近600个奖项，有1200万人在现场听过他唱歌。在这个成绩单的背后，他平均每天的睡眠时间不超过4个小时。假如有一天你去问刘德华成功的秘诀是什么，我想他也会告诉你是努力。

在这个世界上，有一个伟大的企业家也拥有众多粉丝，他就是苹果公司的创始人乔布斯。《史蒂夫·乔布斯传》里写到，他连续33年每天深夜4点钟起床，早上9点就把别人一天的工作做完了。他说自由从何而来，自由从自律而来。只有有了自律，才会拥有自由。如果乔布斯是你的对手，你想超越他，我想你唯一的方法就是比他更努力。

也许会有人问，为什么乔布斯每天都起那么早呢？因为乔布斯在年轻的时候读到了人生中最重要的一句话："假如今天是你生命中的最后一天，你该怎样面对这一天？"于是，他每天早上睁开眼睛就对自己说："乔布斯，假如今天是你生命中的最后一天，你该如何去工作呢？"所以，他每天都在全力以赴，每天都是最后一天，但每天又都是全新的一天。

谈到努力，我不得不谈到一个人——迈克尔·乔丹，他是我最崇拜的篮球明星。在乔丹读高中的时候，打扫卫生的阿姨几乎每天早上都会发现球场里有一个黑人男孩睡觉。阿姨问："年轻人，你为什么不回家睡觉？为什么躺在这里睡觉？"乔丹揉揉眼睛说："对不起，昨天练球练得太晚，我直接睡在球场了。"这就是乔丹的努力，也值得我们每个人反思自己。

记者在采访NBA的另一个篮球明星科比时间："你是历史上最接近乔丹的人，你这么成功，成功的秘诀是什么？"科比反问记者说："你知道洛杉矶每天早晨4点是什么样子吗？"记者说："我从来没起过那么早。"科比回答他："我知道每一天洛杉矶4点是什么样子。"原来科比每天早晨4点起来练球，每天要投进1000个球，当别的队友刚起床的时候，他已经投进了1000个球。

在这个世界上，最可怕的事就是别人比你更努力，所以，我们在企业里也要做到全力以赴，把每件事都当作最后一件事情来做。如果你为企业创造了1000万元的价值，老板肯定不会发给你2000元的工资。所以，收入永远和付出成正比。不要羡慕别人获得的多，只要你比他更努力，你就可以比他更优秀。成功的秘诀只有努力，超越别人的秘诀还是努力。

▪ ▪ ▪ ▪ ▪ 全力以赴是一种人生态度

我在公司里经常对员工说："你先不要超越别人，你先超越我就可以了，让我看到你的努力。"有一次我在唐山讲课，课程结束时已经是深夜两点钟了，我回到酒店洗漱一下要接着准备第二天的课程。孙涛老师和我住一个房间，在我备课时他已经呼呼大睡了。在他第二天醒来时，发现我还在看书，他惊讶地问："王老师，你不会一晚上没睡吧？"我说："我已经起床半个小时了。"我不是在炫耀自己是个铁人，而是想告诉大家：做事情一定要全力以赴，尽自己最大的努力才会收到良好的效果。

在日本经济大萧条时期的一天，松下幸之助办公室的门被人敲开了。一个小伙子进来后深深地向松下先生鞠了一躬，说："我和我的爸爸都是松下的代理商，

178

现在日本经济大萧条，我们很难赚到钱，没有人买我们这么昂贵的电器，我今天来找您是请求您给我们的进价再便宜一点，让我们的利润空间大一点，让我们继续生存下去。松下先生，麻烦您了。"松下先生听后问了小伙子一个非常奇怪的问题："小伙子，你最近小便的时候有没有尿血啊？"小伙子感到莫名其妙："您怎么会问我这个问题？松下先生，我很健康。"松下先生说："小伙子你坐下来，我给你讲个故事。你爸爸跟我是好朋友，当时我们创业的时候，每天四点钟起床，出去跑步，跑到五点钟回来，开始洗澡吃早餐，布置一天的工作计划。我们出来是带着午餐拜访客户的，中午就在公园里吃饭，到了晚上十一二点才回来。回来以后，还要制订明天的计划，基本上睡觉时已经是深夜一两点钟了。由于我和你的爸爸当时只睡两三个小时，所以那个时候我和你爸爸每天都在便血。"

小伙子听完以后满脸通红，站起来向松下先生深深地鞠了一躬，说："对不起，我知道自己该怎么做了。"

从此，松下幸之助先生的名言："如果你还没有努力到小便出血，你无法成为一个卓越的人。"流传开来，这句话看似不可思议，但是告诉了我们一个道理：一个人努力了不一定成功，但是成功的人一定是努力过的。

我现场听过"打工皇帝"唐骏的六次演讲，唐骏在书店里签售的时候我坐在第一排。那时，他刚加入新华都，我问他："为什么新华都的董事长能给你一个亿的年薪？你是中国'打工皇帝'，能不能告诉我，你成功的秘诀是什么？"他说："比别人更努力。我刚进入微软的时候，比尔·盖茨并不认识我，但我就开始写邮件告诉他'这个产品可以做得更好'。写了一年的邮件，他都没有回复我。但我仍然坚持继续努力工作，每天坚持给他发一封邮件，一年半后，我成功了。"

他的话让我想起了自己的工作经历。我十几岁开始当建筑工人。那可以说是世界上最辛苦的工作，每天都要推着水泥车上下不知多少次。有一天，包工头来试工，看我行不行，行的话就留下继续干活，不行就会把我辞掉。他给我装了一车砖，让我推上去，结果推到一半，我力气不够，推不上去。那个包工头说："行不行啊，不行我们就换人了。"他半开玩笑半讽刺的话刺激了我，不知道哪来的一股力量让我把车推了上去。包工头却只说了简短的两个字："录用。"就这样我留了下来。

我每天的工资是13元钱，工作就是和泥、搬砖。农村里盖房子需要把砖扔到站在高台上的工匠手中，我一上午就可以扔1000块砖，带了两层手套都能被磨破。没过几天，我的工资涨到了每天15元钱，这令我非常兴奋。从那时起我就知道付出总会有回报，尽管这回报是那么的微薄。

后来我去酒店做服务员，那是德州最大的酒店。刚到那时，我什么都不懂，就像个小傻子。领班给我发领结，我的脖子比较粗，领结比较短，我带上以后很紧，勒脖子。按照一般人的想法，都会找到领班说："领导，我这个领结短了，给我换一个长的吧。"可是我连这样的话都不敢说，就知道傻干。

凡是做过餐厅服务员的人都知道，一个服务员能照顾8桌客人已经是极限了。因为这个客人要餐巾纸，那个客人要结账，一个人根本应付不来。但由于酒店缺少员工，我一个人要照顾25桌客人。当时酒店有4个大厅，我们两个服务员看一个大厅，一个大厅有50张桌子。现在回想起来，我的反应能力都是那时锻炼出来的。

我正端着盘子，那边喊："服务员埋单。"我马上喊："好，来了。"我这边正擦着桌子，那边又来了一桌客人。那个时候，我一天有10个小时大脑根本来不及思考，就像一个高速运转的机器。两个月以后，大堂经理到餐厅视察工作。他发现我虽然个子不高，身体瘦弱，但能抱起高高的一摞盘子，又很用心地擦桌子、擦地板，所以他直接升我为大堂副领班。自此，我成为酒店成立10年以来最年轻的副领班。

当我带上象征领班的蓝色领带时，真的很兴奋，这是我劳动的回报，是对我努力的肯定。一个小小的领带让我感到了责任，感到了荣誉。我在心底告诉自己：领导这么器重我，升我为领班，我只有更努力地付出，只有更用心地工作，才能对得起领导的器重。

十几年过去了，我做过很多工作，但在每家公司都让自己做到最好，这是我对自己的要求。当我听到老板说"王琨是我们公司有史以来最棒的员工之一"时，我会暗暗为自己加油，这是对我以往工作的肯定，更是对我未来的激励。

■ ■ ■ ■ 不同的结果源于不同的付出

2007年，我在一家公司做销售，那时我还是普通的业务员，没有方法和技巧，只知道蛮干。我刚加入这家公司的时候，领导问我："王琨，你想不想成功？想不想月薪过万？"我回答："想。"那个时候月薪过万对我来说就是天方夜谭，是我从来没敢想过的事情。领导听了我的回答，说："好，咱们现在干业务讲究的就是量，你把这里几千个老板的名单都搞定就成了。"

公司规定员工每天要打80通电话，发200条短信，但我发现大家都没有做到，难道这不是公司的硬性规定吗？我没有理会其他员工，只是很认真、很努力、很用心地工作。有些同事看到我的努力，就说："领导都做不到，我们也不要那么认真了。"我没有理会他们的话，只是埋头做自己的工作。但现在我做了老板后回想起那些同事的言行，我觉得自己当时的做法是对的，因为我没有被他们传染。

在多年的工作中，我认为与同事相处可以分为三种境界：第一种叫同流合污，第二种叫同流不合污，第三种叫同流能去污。很显然，我属于第三种境界。我与同事相处得很好，但自己在努力工作的同时也会尽最大努力帮助他们。领导让我打80通电话，我就打150通电话。我要对自己狠一点，对自己狠几年。回首过往，我真的感谢曾经努力过的自己。

曾有一个老板接了我的电话直接说："王琨，你在哪里？我要杀了你。"

我说："哥，你可以杀我，但请你报完我们的课程再杀我。"结果，第二天他真的来到我们公司，说："我从来没见过你这样的业务员，你怎么能给我打那么多电话，你简直就是个疯子。"我说："哥啊，你想不想让你的员工都跟我一样？你想不想知道我是怎么做到的？"他说："我当然想了。说实话，虽然我很反感你，但是我的员工哪怕有你一半的敬业精神也好啊。"我说："那么，你来上我们老师的课吧，课上你一定能学会让员工变成我这样的方法。"

有人说王老师你的口才还可以，你的状态还不错。我想告诉大家，这都源于5年前的努力。当时我也没上过台，不会演讲，口才也不好。我只想说：要想成功，就要对自己狠一点。那时候，我天天要练习，我的老师说："你想当演说家吗？"我说："太想了。"我的老师又说："好啊，现在没人邀请你演讲，所以你只能免费为别人演讲。"后来，团队的同事打电话为我约客户，说："张总，我们公司有个销售冠军，讲心态、忠诚、感恩都讲得特别棒，他现在可以到你的企业里免费讲两个小时，你看怎么样？"对方一听到免费就特别欢迎。那时候，我一天要讲三场，大概坚持了半年的时间，我在北京城开了多少次演讲，自己都记不清了。

有人问过我："你给小商贩演讲，给小职员演讲不觉得丢面子吗？"我想说，一个人要想成功就一定要放下面子，撕下脸皮。在这个世界上，最不值钱的就是面子，你要看重面子，这辈子都无法成功。假如在企业里面，你努力工作却怕其他同事笑话，那你就已经迷失了自己的方向。

那个时候我下班走在街上，店里面的员工和老板都会出来和我打招呼。因为那条街的人都听过我的培训课。那时我到理发店理发免费，吃麻辣烫免费，看电影免费，吃火锅免费，这也许是对我努力的另一种回报吧。

在企业里，很多员工都想成功，但不愿做事；而那些成功的人会想，我要成功，我愿意做，这就是差别。如果一个人一点付出精神都没有，也不愿意承担相应的责任和使命，那他就是在一脚踩刹车，一脚踩油门，状态变成了"我想要，但我不愿意做"。很多员工不就是这样变成失败者的吗？他每天重复旧的行为，却想获得新的结果。他想要成功，但又不愿意努力。这个过程一定是痛苦、挣扎的。

如果你想成为对老板来说不可或缺的人，请把你的工作热情放大一倍，工作效率提高一倍，努力程度加大一倍，执行老板的任务加速一倍。如果你这样去做，老板自会追着给你加薪升职，因为付出永远和获得成正比。

伟大是熬出来的。你一心渴望伟大，追求伟大，伟大却杳无踪影；如果你甘于平淡，认真做好每个细节，成功很可能会不期而至。不要相信天上会掉馅饼的美梦，请相信不同的结果一定源于不同的付出，因为别人比你更努力，所以才会比你更成功。

PART

9

超值奉献
——激发无限潜能

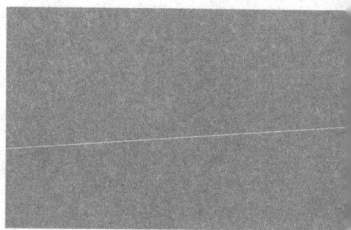

老板之所以聘用我们，将我们留在企业里工作，是因为在面试的时候，老板认为我们可以为企业创造价值。但如果你在没为企业创造价值的时候就和老板谈薪水，抱着先谈薪水、再工作的心态，就是最愚蠢的员工。

■■■■ 为老板创造更多价值

李嘉诚创办长江商学院时说："我经营企业几十年，跨越十几个行业，拥有十几万员工，在十几个国家的业绩做得还不错。总结我这一生的成就，只有四个字——物超所值。"这也是李嘉诚先生经营理念的总结。他在教育两个儿子的时候还说过："我跟很多代理商合作的时候，会问代理商：'你从我这里拿五成的利润还满意吧？'那个人回答说：'李先生，我非常满意，能跟您合作是我的荣幸。'我说：'好，我再给你加一成'。"这段话也验证了李嘉诚曾经说过的一句话"一定要让跟你合作的人赚到大便宜"。

李嘉诚先生的话深深地影响了我的商业理念，在我的经营之路中，无论做什么事情，无论与谁合作，我都要付出百分之百的努力，都要为我的合作伙伴谋求最大的利益。

在培训员工的时候，我也会把自己的理念讲给他们。我一直认为，认真做事、真诚待人是我能成为卓越员工直到成为老板的最大优势。所以，在给员工讲普通员工与卓越员工的区别时，我这样表述：

卓越员工想：我干活就是在增加自己的能力，老板也会看在眼里，记在心上。只有把工作做好才能获得老板的认可，否则自己的良心都会不安。

普通员工想：老板给我多少钱，我就干多少活，多干活老板也不会看到。

假如现在你是卓越员工，老板给你的工资是3000元，你为老板创造3万元的价值，你对老板来说就是"物超所值"的人。如果读者看了我的书后，工作能力有所提高，或是工作心态有所改变，我想对于这本书来说就是物超所值了。

在给学员上课的时候，我经常要求学员学会计算自己的价值。如果你现在年薪是5万元，除以12个月，每月是4000多元的收入，再除以上班的时间，每天的收入大概是200元，再除以一天8小时的工作时间，每小时的收入是20多元钱，这就是你的价值。其实，那些有成就的人就是靠着一小时一小时的努力才成功的。所以当你努力的时候，不妨把时间分解为以小时为单位的时间段，确定在这段时间里你要达到什么目标。这样的目标会很明确，也容易完成，小的积累会换来大的成功。

古代有个商人，他有三个仆人。有次他要远行，就给这三个仆人按照能力的大小分配了不等的银两。

他给第一个仆人发了 10 两银子；给第二个仆人发了 5 两银子；给第三个仆人只发了 2 两银子。

拿到 10 两银子的那个仆人很快又赚了 10 两银子；拿到 5 两银子的仆人也把银子用于经商，他赚了 3 两银子。而第三个拿到 2 两银子的仆人怕把老板的钱弄丢了，就到后院把这些钱偷偷地埋了起来。

主人过了很长时间回来了。当拿到 10 两银子的仆人带着另外 10 两银子交给老板的时候，老板既开心又兴奋，并对第一个仆人说："你是个对很多事情都充满自信的人，我会给你更多的任务。现在去享受你的奖励吧。"于是他把仆人赚到的 10 两银子和另外 10 两银子的本钱都奖励给这个仆人。

拿到 5 两银子的仆人拿着赚到的 3 两银子去见主人。主人说："你是对一件事情非常自信的人，我也会给你更多的任务，现在去享受你的奖励吧。"于是，第二个仆人获得了 8 两银子。

第三个仆人非常高兴地去见主人，并说："主人，你看这 2 两银子还在，我是个非常爱惜财富的人，我怕把钱弄丢了，就把钱埋了起来。"主人听后生气地说："你是又懒又缺德的人，我把钱交给你，你不能为我创造价值，也要存在票号里啊，以便我回来能拿到那份利息。你却把钱埋在地下，我对你太失望了。"

看了上面的故事，我不禁要问大家，老板为什么聘用我们？最主要的原因就是我们能为老板创造价值。所以，在工作中，我们要把工作做到尽善尽美，为老板创造更多的价值。当你不能再为老板创造价值的时候，也就是你离开企业的时候。

成为老板不可或缺的人

在企业里，我们如何才能成为领导不可或缺的人呢？想达到这个目标，一定要打造自己的核心竞争力。我们也经常会听到"核心竞争力"这个词，到底应该怎样打造自己的核心竞争力呢？下面我们先来看个故事。

拳王霍利菲尔德在训练时问教练："我如何才能在上台一分钟之内把对方击倒？"教练没有直接回答他，只在旁边画了一条线，说："你来看一下，如何在不改变这条线方向的情况下，让这条线变短？"霍利菲尔德思考了两天，没有找到答案。于是他去问教练："你告诉我吧，我实在不知道答案是什么。"教练说："很简单，在下面画一条更长的线就可以了，上面那条线立刻变短了。你现在训练越来越科学，每天都在进步，但是你要知道你的对手也是一样，他们也在每天努力训练，努力进步，所以你不太可能在一分钟内把对方击倒。你只有让自己变得足够强大，在台上站得更久，才有可能在某一刻把对手击倒。"

"在台上站得足够久"就是霍利菲尔德的核心竞争力，他只有使自己更强大才能在某一时刻击倒对方。我们也不可能在极短的时间内使自己变得卓越，这需要时间和经验的积累。我们也不可能在极短的时间内获得老板的赏识，这需要在工作中勤勤恳恳、兢兢业业。只有你为企业做出别人无法做出的成绩时，才是你真正的核心竞争力，这时你才是老板眼中不可或缺的人，才是最受企业欢迎的人。

一个奥地利人到美国找工作，他只会说"yes"和"OK"，所以他很久都没有找到工作。有一天，他到一家酒店找工作，负责人说："我们现在不需要服务员，你愿意打扫厕所吗？"奥地利人说："OK。"因为他根本听不懂对方说的话。酒店的人问他："你能把这份工作做好吗？"他回答："OK。"酒店的人接着说："你打扫厕所，不给你发工资你愿意吗？"他还是说："Yes，OK。"酒店的人听了他的话，心想这家伙真傻啊。于是，他得到了这份工作。他在工作中的态度非常友好，别人无论有什么请求，他都说："Yes, OK。"

这家酒店的生意很一般，但当客人用餐后到洗手间的时候，打开门发现金光一闪，都怀疑这不是洗手间，简直比餐厅还要干净。就这样，一传十，十传百，酒店生意开始红火。老板从外地回来发现酒店的生意十分红火。于是老板问经理："我们酒店的生意不是很一般吗？怎么这么多人排队？"经理说："老板，最近我们刚聘请了一个员工，他把厕所打扫得非常干净，很多人想亲眼看一看，所以都来咱们的酒店用餐。"

老板不太相信经理的话，于是就到厕所查看，结果他打开厕所的门，发现一道金光闪了出来。他想这怎么可能？结果他看到奥地利人拿着牙刷在刷马桶。奥地利人在这儿工作了两个月，已经会说英语了。他说："老板，请问你对我的工作满意吗？如果不满意，我还可以改进。"老板激动地说："你把厕所打扫得这么好，给我带来了生意，我决定提升你为大堂经理。"

什么叫核心竞争力？就是让别人无法替代的能力。努力，就能把工作做完；用心，就能把工作做好。如果你在单位里面没有一技之长，就不会变成老板身边最重要的人。在现代社会，会开车不叫一技之长，只能叫一技，但你把车开到赛场，开好赛车就叫一技之长；会游泳不叫一技之长，但你能拿到世界冠军就叫一技之长；会做饭叫一技之长吗？每个人都会做饭，但你的厨艺如果与五星级厨师一样好，那就叫一技之长。努力打造自己的一技之长就拥有了核心竞争力。只有这样，你才能变成老板不可或缺的人，才能成为企业里最优秀的人。

■ ■ ■ ■ 超越第一的方法就是成为唯一

在这个世界上，人们通常只会记住第一名的名字。在企业里，老板心里也只会关注卓越的员工。我们都知道美国历任总统是谁，但副总统是谁很少有人知道；我们经常关注某个项目的冠军，但是第二名是谁就可能忽略了。所以，你要做就要做到最好，就要做到第一名；如果你做不到最好，也一定要成为唯一，那样才能成为领导重视的人。

巴黎的一家酒店有一个厨师助理。他虽然不会做什么菜，但是他发明了一道点心。长期住在这家酒店的一个贵妇人品尝了这道点心后十分满意，于是她每次来都必点这道甜点，并且都给这个厨师助理小费。这家酒店每一两年都要裁掉一批员工，但这个厨师助理每次都会被留下，好像他有特别硬的后台似的。

后来，老板找到他说："那个贵妇人是我们酒店的VIP客户，而你是我们这家酒店不可或缺的人物。因为她每次来都点你做的这道菜，而这道菜只有你会做，所以我们开不了你。"

在企业里面，如果没有一技之长就很难成为老板不可或缺的人物。在很多企业里，不是所有的员工都卓越，那为什么每个员工都能找到自己的位置呢？这就是因为每个人都有自己的特长，每个工作都有别人无法替代的特点，这也正是术业有专攻的道理。所以，当你认为自己无法成为卓越员工的时候，不如换一个角度，使自己成为独具特点的人，你也是成功的。

■ ■ ■ ■ 创造最佳业绩，证明自身价值

老板之所以聘用我们，将我们留在企业里工作，是因为在面试的时候，老板认为我们可以为企业创造价值。但如果你在没为企业创造价值的时候就和老板谈薪水，抱着先谈薪水、再工作的心态，就是最愚蠢的员工。

李嘉诚在激励自己的员工时说过这样的话，在此，与大家分享：

当你们梦想伟大成功的时候，你有没有刻苦的准备？

当你们有野心做领袖的时候，你有没有服务于人的谦恭？

我们常常都想有所获得，但我们有没有付出的情操？

我们都希望别人听到自己的说话，我们有没有耐性聆听别人？

每一个人都希望自己快乐，我们对失落、悲伤的人有没有怜悯？

每一个人都希望站在人前，但我们是否知道什么时候甘

为人后？

你们都知道自己追求什么，你们知道自己需要什么吗？

我们常常只希望改变别人，我们知道什么时候改变自己吗？

每一个人都懂得批判别人，但不是每一个人都知道怎样自我反省。

大家都看重面子，大家都希望拥有财富，但你知道财富的意义吗？

李嘉诚先生的话对我们每个人都很有帮助。每个员工都有各种激情，但在没有成功的时候要耐得住寂寞，努力积蓄自己的能量，不要总是以自我为中心。其实，每个员工都是优秀的，只要你得到正确的培养；每个员工都会对工作认真负责，只要你树立了正确的理念；每位员工都可以获得合理的报酬，只要你为企业创造价值。

我经常对学员说16个字：时常出现，主动表现，留下贡献，让人怀念。这句话的意思就是当公司有活动的时候，员工不能做逃兵，推卸责任，反而要主动做自己能够做到的工作，为公司做出自己的贡献。当你做得更多、更好的时候，领导会对你记忆深刻，会把更重要工作交给你。这也正是我经常鼓励员工的话：创造最佳业绩，证明自身价值。因为领导永远喜欢做事有结果，办事有效率的员工。

10

感恩惜福
——成就一切的秘密

"忘记过去，就意味着背叛。"一个不能感恩的人是不会有作为的；一个不懂得感恩的员工是没有未来的。而在我们的社会中，不懂得感恩是一种职业病，甚至是一种"癌症"。得了这种"癌症"，症状就是常常抱怨公司的不公，常常抱怨自己没有升职的机会，常常抱怨自己工作繁重，但对工作中的失误，他们却很少反思。

■ ■ ■ ■ ■ 感恩的心离成功最近

　　我始终认为感恩惜福是成为受企业欢迎的人最重要的修炼，感恩惜福也是我们获得一切成功的秘密。能得到老板的赏识，同事的配合，朋友的鼓励和家人的支持，是每个人获得成就的基础，所以无论我们身处什么样的地位，都应该对他们心怀感激，时时刻刻存有感恩之心，回报之心。工作是老板送给员工最珍贵的礼物，学会感恩，方能实现自我价值；没有老板，员工也就没有了工作机会。无论我们有多大的才华，都要在老板创立的平台上才能发挥，所以工作对我们来说是最大的赐福。

　　一天，有个乞丐遇到了上帝，他想让上帝满足他三个愿望，上帝答应了。乞丐说："我的第一个愿望就是要成为大富豪。"上帝手一挥，他马上变成了大富豪，身边全是钱，他高兴极了。乞丐接着说："我的第二个愿望是让我年轻 40 岁。"上帝微微一笑，手一挥，乞丐立刻变成了二十多岁的小伙子。他太兴奋了，然后说："我的第三个愿望就是这辈子都不需要工作。"上帝微微一笑，手一挥，他立刻又变成了又老又脏又臭的乞丐。

乞丐不明白为什么自己又变得一无所有了。这时上帝对他说："工作是我能给你的最大的祝福。如果一个人什么都不做，整天无所事事，那是多么可怕的一件事啊。只有投入地工作，人才有生命的活力。现在你扔掉了我给你最大的恩赐，当然就一无所有了。"

如果一个人有了财富，却天天不做事，总有一天他自己也会觉得厌烦。所以，我们第一个要感恩的就是我们的企业，感恩我们的平台，感恩我们的老板。当你怀着感恩的心工作时，就会发现同事不再与你作对，领导也不再为难你，工作变得越来越顺利。其实这都是你自己发生了改变，一切才变得这么美好。因此，从现在开始，心怀感恩地工作吧，只有感恩的心才离成功最近。

■ ■ ■ ■ ■ 感恩父母给了我们生命

　　我在前文提到过羊最懂得感谢父母的养育之恩——它们在吃奶的时候，都是跪在地上的。也许这一动作只是羊的物种天性，但这个行为却给我们很好的启示：动物尚且如此，我们更应该感恩父母的养育之恩。

　　我很喜欢台湾知名音乐家李子恒创作的《跪羊图》。这首歌一经问世就深受大家喜欢，也教育了很多人要感恩父母的养育之恩，做事要行善积德。下面是《跪羊图》的歌词，与大家分享：

> 古圣先贤孝为宗，万善之门孝为基。
>
> 礼敬尊亲如活佛，成就生命大意义。
>
> 父母恩德重如山，知恩报恩不忘本。
>
> 做人饮水要思源，才不愧对父母恩。

天地重孝孝当先，一个孝字全家安。

孝是人道第一步，孝顺子弟必明贤。

小羊跪哺，闭目吮母液。

感念母恩，受乳恭身体。

膝落地，姿态如敬礼。

小羊儿，天性有道理。

尽心竭力孝父母，孝亲亲责莫回言。

诸事不顺因不孝，怎知孝能感动天。

人间孝道及时莫迟疑，一朝羽丰反哺莫遗弃。

父身病，是为子劳成疾。

母心忧，是忧儿未成器。

多少浮云游子梦，奔波前程远乡里。

父母倚窗扉，苦盼子女的消息。

多少风霜的累积，双亲容颜已渐老。

莫到忏悔时，未能报答父母恩。

福禄皆由孝字得，孝顺父母如敬天。

处世为有孝力大，孝能感动地和天。

积德行善也是孝，孝仗佛力超九天。

多少浮云游子梦，奔波前程远乡里。

父母倚窗扉，苦盼子女的消息。

多少风霜的累积，双亲容颜已渐老。

莫到忏悔时，未能报答父母恩。

为人子女，饮水要思源。

圆满生命，尽孝无愧意。

儿女心，无论在何地。

给双亲一声感恩您。

每次听到这首歌，都令我十分惭愧，惭愧自己做得还不够好。每当工作忙时就忘记关心父母，之后又找很多借口为自己开脱，而父母却从不抱怨。我经常对学员和员工说："对父母，好好赡养；对爱人，多加欣赏；对孩子，对加赞扬；对自己，好好保养。"

我相信大家都看过这样一个公益广告片：一个母亲在为她的母亲洗脚，她的儿子在旁边看到了。当她回到自己屋子的时候，她的儿子也准备好了洗脚水，说："妈妈洗脚。"父母是孩子最好的老师，父母的行为会直接影响孩子的行为。一个连自己父母都不感恩的人，不可能感恩同事，不可能感恩客户，也不可能感恩企业，更不可能感恩老板。在企业里，这样的员工也不会有什么成就，更不会受到企业的欢迎。

有一次，我去青岛演讲，合作方的老板到机场接我。我上车后说："咱走吧。"他说："王老师，咱们能等一会儿再走吗？"我问："怎么了？"他说："王老师，我能不能给我儿子打个电话，儿子在他奶奶家里，我已经一个月都没有见他了。我本来今天要去看他的，但因为今天要来机场接您，所以……"我说："没关系，你先打电话，然后我们再走。"

于是，我坐旁边听他打电话。电话接通了，应该是他母亲接的。这位老板说："妈，小宝在不在？让小宝接个电话吧。"小宝接过电话，他马上说："儿子，我是爸爸，想不想爸爸？爸爸特别想你。爸爸给你买了很多礼物……"他们父子一聊就是15分钟，最后这位老板说："亲爸爸一个，爸爸亲你一个。"打完电话，他很开心，开车就要走。我拦住他说："老哥，你先等一会儿。"他说："王老师怎么了，我打完电话了。"我说："我知道你打完电话了。"他很激动地说："王老师，你看到我的状态就知道我很想儿子了，实在不好意思耽误您的时间了。"我说："耽误时间没事，我完全理解，但是我想知道刚才接电话的人是谁？"他说："那是我的儿子啊，您不是在旁边听见了嘛！"我说："不是，我说一开始接电话的那个人是谁？"他想了一下："哦，是我妈。"

我就问他，说："你一个月没见你的儿子，你这么想他。刚才那个人也一个月没见她的儿子了，她想不想儿子呢？"他立刻明白了我的意思，说："王老师，我懂您的意思了，再等我几分钟就好。"于是，他马上又拨通了电话："妈，别急，我不是找小宝的，是找您的。最近儿子特别忙，也没有去看您老人家，过几天我就回家去看您了。"说了不到一分钟，我就听见电话那边的老太太好像在哭，这个老板也流下了眼泪。

　　我们的父母真的不需要儿女买多少好东西给他们，也不需要我们给多少钱。父母最希望的就是儿女能好好地陪他们一会儿，好好说几句话。孔子的学生曾问孔子："老师，孝顺当中最难做到的是什么？"孔子回答两个字："色难。"什么叫色难？就是给父母一个好脸色最难。所以，从现在开始，我们要多回家看看父母，做到子女应尽的责任。

　　2008 年的 5 月 12 日，汶川地震举国哀痛，但在地震中也发生了很多感人的故事。其中让我最感动的是一个北川的母亲，当她被发现的时候，已经被倒塌下来的废墟夺走了生命。救援队员发现这个母亲死亡的姿势很奇怪，她双膝跪在地上，两个手向前伸，好像在保护什么。由于被废墟压得严重变形，确认这个母亲已经死亡，而且向废墟内大声呼喊也没有任何生命迹象，救援队员开始走向下一个救援地，突然队长意识到了什么，又转身跑了回去，在那个母亲身下竟然发现了一个孩子。

　　队长兴奋地喊道："这里有个孩子，孩子还活着，大家抓紧时间把孩子救出来。"当这个孩子被救出来的时候，大家发现因为有了母亲身体的庇护，他毫发无损。孩子还在安静地睡着，包裹孩子的被子里塞着一部手机，屏幕上写着："宝贝，如果你还活着，请你一定记住，妈妈爱你。"

━━━━━━━━━━━━━━━━━━━━━━━━━━━

在这个孩子出生的时候，妈妈已经给了他一次生命。这次地震，妈妈又给了他第二次生命，这就是伟大的母爱。

有一次我在课上为大家算能陪父母多长时间，算完后一个女企业家在会场泣不成声。也许她在忏悔很久没有陪伴父母，也许她在忏悔自己已经没有机会陪伴父母了。我们每天都在外面忙碌，为了生活，为了事业，有时一年只在过年的时候才回家，而且也就那么几天。如果我们按一年见父母五天，父母还能活40年来算的话，我们陪父母的时间是200天。我讲到这里的时候，一个企业家站起来说："王老师，我已经有5年没和父母过年了！"说完后他流下了忏悔的眼泪。很多人为了追求事业忙忙碌碌，但是再忙也一定要记住，父母还在远方等着我们。

现在有些人过年一回到老家就去见各种老朋友，却没有陪父母的习惯。其实，我们不妨想一想妈妈从小把我们照顾得无微不至。现在我们长大了，有没有想过妈妈在穿什么衣服，吃什么饭菜，她那一头乌黑的头发是不是已经变白。

我们在脑海当中想一下自己的爸爸，那个像山一样的男人，现在驼了背，那双柔软的手是不是已经青筋暴起，微微发抖。你还记得他劳动时汗流浃背的样子吗？还记得爸爸的自行车带着我们走过了多少路途吗？还记得他扛着大行李包去火车站送我们上学的那一瞬间吗？还记得你坐上车，车子发动的那一瞬间，爸妈扭过头去偷偷地抹眼泪吗？

有些员工会和我说，他们的父母每次打电话都像复读机一样不停地说着注意这个、注意那个。他们只能很无奈地说："行了行了，我知道了，你不要再说了，我知道了。"也许员工很无奈，可这样对待父母是不对的，当员工表现出烦躁的情绪时，父母一定很伤心。

我看过一篇文章，深深地感动了我，在这里我把它分享给大家。

孩子！当你还很小的时候，我用了很多时间，教你慢慢用汤匙、用筷子吃东西，教你系鞋带、扣扣子、溜滑梯，教你穿衣服、梳头发、擦鼻涕。这些和你在一起的点点滴滴，是多么令我怀念。所以，当我想不起来，接不上话时，请给我一点时间，等我一下，让我再想一想……极可能最后连要说什么，我也一并忘记。

孩了！你还记得我们练习了好几百回，才学会的第一首娃娃歌吗？所以，当我重复又重复地说着老掉牙的故事，哼着我孩提时代的儿歌时，请体谅我。让我继续沉醉在这些回忆中吧！盼望你，也能陪着我闲话家常吧！

孩子，现在我常忘了扣扣子、系鞋带。吃饭时，会弄脏衣服，梳头发时手还会不停地抖，不要催促我，要对我多一点耐心和温柔，就像当年我对你那样，只要和你在一起，就会有很多的温暖涌上心头。

孩子！如今，我的脚站也站不稳，走也走不动。所以，请你紧紧地握着我的手，陪着我慢慢地走。就像当年我带着你一样，带着我一步一步地走……

这个世界上最让人悲痛的就是"树欲静而风不止，子欲养而亲不待"，所以，不要等父母不在的时候，才去感恩。父母对儿女的爱，永远是倾其所有；儿女对父母的爱，永远是有所保留。如果我们角色互换，不也是一样吗？我们小的时候，他们一遍又一遍地教我们，辛辛苦苦把我们带大。所以等父母老的时候，千万不要嫌弃他们，要像他们对待我们一样爱护他们。

"忘记过去，就意味着背叛。"一个不能感恩的人是不会有作为的；一个不懂得感恩的员工是没有未来的。而在我们的社会中，不懂得感恩是一种职业病，甚至是一种"癌症"。得了这种"癌症"，症状就是常常抱怨公司的不公，常常抱怨自己没有升职的机会，常常抱怨自己工作繁重，但对工作中的失误，他们却很少反思。

　　其实，他们生活在这个世界上，享受着大自然的阳光雨露，享受着公司给予的一切，但他们忽略了自己已经拥有的一切，从来没有想过自己应该为这一切付出什么。因此，一个不懂感恩的员工，注定无法受到企业的欢迎。

■ ■ ■ ■ ■ 感恩企业给了我们平台

    这个故事很简单，但却说明了只有感恩的人才值得领导培养，只有感恩的人才值得领导关注。一个人想要成功，就先要学会感恩，感恩身边的人，感恩自己的企业。我曾对学员说过："老板是这个世界上最辛苦的职业，因为他要考虑员工的工资，他要考虑员工的家人。"如果没有企业的平台，你无法施展自己的才华，更无法赚钱养育子女，奉养父母，照顾兄弟姐妹。如果你失去了企业的平台，就将失去照顾别人的能力。因此，你在完成一天的工作之后，留一点时间感恩，为自己目前所拥有的一切感恩；为自己的工作感恩；真诚地祝福每个人，试着给你的老板写一张字条，告诉他你是多么热爱你的工作，感谢他给你工作的机会。

    在微软公司，有一个临时的清洁工，她每天都很快乐，甚至，她把那些非常冷漠的员工的热情都激发起来了。很多人因为她而受到感染，也觉得工作是件快乐的事情。

有一天，比尔·盖茨问她："你是临时工，为什么还这么开心？"清洁工说："我现在在一家非常伟大的公司工作，虽然是临时的，但是我有收入，能养活我的儿女，能供我的女儿念大学，所以我非常感恩。我唯一要做的就是把工作做好，让公司对我满意，对得起这份工资。"比尔·盖茨听了以后，也非常感动，他说："你的精神正是我们公司需要的，那你愿不愿意做我们公司正式的一员呢？"清洁工惊讶地说："可是，我没有学历啊？我什么都不懂啊？"比尔·盖茨说："你不懂，有人教。你不会，可以学。这一切都不是问题。"

于是，清洁工利用休息时间找人教她学习产品性能，学习使用软件。后来这个人真的成了微软公司的正式员工。

感恩是会传染的，感恩也是我们情感的自然流露，它更会增强你的个人魅力。如果你学会了感恩，就有了神奇的力量。如果一个下属不懂感恩，他就不值得领导帮助；如果一个员工不懂感恩，他就不值得老板重用。

其实，感恩无处不在，感恩父母给予我们生命；感恩国家让我们生活在和平年代；感恩企业给了我们发展的空间；感恩老板给了我们施展的舞台；感恩客户，因为他们既是服务对象，也是我们的衣食父母；感恩同事是我们的好搭档、好战友；感恩朋友，因为他们既是我们的一面镜子，也是一座桥梁；感恩对手让我们在竞争中成长，感恩身边的每一个人每一件事。

一个人可能没有多少财富，但是只要拥有一颗感恩的心，一样可以变得富有。我经常对员工说："感恩之心，离成功最近；感恩之心，离财富最近；感恩之心，离卓越最近。"

最后，我想以一段文字作为这本书的结束语，送给每位朋友。

老板并没有聘用你，也没有雇佣你，他只是给了你一个舞台，一份工作，一个发展的空间。

你是他的事业伙伴，是他的家庭成员，而你绝对不是他的打工仔。

尽善尽美地完成任务，这是老板的需求，也是你所在组织的需求，也是你对自己的需求，因为你是在为自己工作。

你应该努力工作，你应该以良心和人格作为保证，善待你的老板，理解他，敬爱他，支持他，信任他，和他保持同一个方向，向对你的兄长那样。

　　你要自信，要勇敢地面对自己的失误，切勿为自己寻找借口和理由。你要用最完美的业绩，让你的老板感动和欣慰。这样你和老板共有的事业必将蒸蒸日上。